Le radeau de l'amour
Quand je vais chez elle
Je dis Aime
C'est pas ta faute
Sous ta peau
La bonne heure
je me démasque
Marshall
'69

W0324086

LE MONDE DE -M-

à Billie

© Éditions du Seuil, 27, rue Jacob, 75006 Paris, 2005

ISBN : 2-02-067934-5

Le Code de la propriété intellectuelle interdit les copies ou reproductions destinées à une utilisation collective. Toute représentation ou reproduction intégrale ou partielle faite par quelque procédé que ce soit, sans le consentement de l'auteur ou de ses ayants cause, est illicite et constitue une contrefaçon sanctionnée par les articles L. 335-2 et suivants du Code de la propriété intellectuelle.

www.seuil.com

LE MONDE DE -M-

Conception et direction artistique MARIANNE CHEDID
Propos recueillis par SONIA RACHLINE
Conception graphique & réalisation SOPHIE LAURENT

Seuil

SOMMAIRE

INTRODUCTION

Il est souvent question de « paysage » de la chanson française et, dans ce vaste horizon, -M- constitue une région à part. Sans doute parce que, le concernant, l'expression « paysage » n'est pas une métaphore : -M-, c'est effectivement, et depuis le début, un univers qui dépasse le cadre de la seule musique, un paysage au sens propre du terme, une planète imaginaire et imagée, motivée par le désir de construire une histoire qui parlerait de la vie et des émotions en empruntant le chemin des rêves et du plaisir.

M-Matthieu Chedid le raconte lui-même : chez lui, la musique et l'image font forcément alliance, complices inséparables qui, ensemble, renouent avec l'idée de rock'n roll, une attitude entre humour, rébellion et désir de faire bouger les choses et les idées reçues.

Aujourd'hui, dix ans et trois albums après – *Le Baptême*, *Je dis aime* et *Qui de nous deux* –, il y a donc les chansons pour le dire. Et les images. D'où l'envie de Marianne Chedid d'en faire un livre : journaliste styliste habitée par le désir de regarder, cet univers pop-enchanté ne pouvait manquer de faire écho à sa passion du visuel. Cet ouvrage est donc tout d'abord le résultat de ses longues recherches iconographiques. Et il est ensuite le fruit d'un travail d'équipe. Car -M- est, depuis le début, un singulier très pluriel et inversement, une histoire qui est aussi une aventure humaine à une seule voix mais à tant de mains… Matthieu est évidemment là, présent parmi ces pages, et ceux qui l'entourent, amis, musiciens, techniciens, photographes, graphistes, sa famille au sens le plus large du terme, sont là également, au fil de phrases et de photos. Tous heureux de raconter dix années très sérieusement loufoques.

Sonia Rachline

1977.

2001.

MATTHIEU JANJAC CHANGE RADICALEMENT DE PERSONNALITÉ.
IL SE BAPTISE M ET S'APERÇOIT QUE L'ONDE LUI A FAIT CADEAU D'UN DON.
M LE DÉCLINE SOUS TOUTES SES FORMES, CE QUI LUI DONNE, ENTRE AUTRES, LE POUVOIR DE RENDRE TOUT MUSICAL.

1995. La métamorphose de -M- vue par le peintre Christian Volkman.

1995. Séance de photos par Lisa Roze : Émilie Chedid, Pierre Boscheron, Gaël Barbieri et Maxime Garoute.

DAX
DAX wave and groom
HAIR DRESS

Les accessoires indispensables : la redingote peinte à la bombe de peinture pour voiture et les pots de gel américain ultra-puissant.

TRES ESTRELLAS
Mardi
Mercredi
Jeudi
CONCERT

1995-1998 Le baptême

Au commencement de -M- et du *Baptême*, mon premier album, il y a... une machine. C'est souvent un outil qui donne envie de s'y mettre. Pour moi, c'est ce qui a tout déclenché. En 1995, j'accompagne Sinclair en tournée internationale quand je décide de faire un emprunt à la banque et d'acheter le strict minimum pour constituer un petit studio à la maison. Dès que j'installe mon propre matériel dans la maison de campagne familiale, je n'arrête plus : j'écris des chansons et, comme je suis seul, je fais moi-même les voix. Je me dis qu'un jour quelqu'un les interprétera, et qu'en attendant c'est à moi de m'y mettre.

Mais mes premiers textes sont d'emblée assez loufoques, ils ont un petit côté « *private joke* » et plus j'écris, moins je peux imaginer qu'un autre que moi les chante. Il aurait d'ailleurs fallu pour ça trouver « la » personne à qui ils plaisent !

Donc, au début, il y a cette notion très importante du « par défaut » : c'est moi parce qu'il n'y a personne d'autre...

Ensuite, à force d'avancer, de faire des morceaux, j'« entre » dans un son presque malgré moi. Je n'ai pas trouvé ma voix, mais un ton, un esprit se dégagent et ce côté décalé qui transparaît me va bien.

Comme j'écoute toujours les autres, comme ce sont eux qui m'inspirent, l'avis de mes potes est capital : ils sont là, ils entendent, ils ne sont pas

forcément emballés, mais ils reconnaissent qu'il se passe quelque chose qui mérite d'être poussé. Je pense notamment à Sébastien Martel, Seb, « ma » référence, mon ami et modèle, le rocker que je rêvais d'être. C'est la première fois que je vois son regard changer, ça me marque énormément.
Parce qu'alors, je souffre du « complexe de la variété »... Quelques années auparavant, j'ai déjà composé des chansons pour mon groupe, le Matthieu Chedid Band. Cette expérience m'a traumatisé : ce que je faisais alors était terriblement « Louis Chedid junior » - sans le talent ni la technique, évidemment. Mes copains branchés trouvaient ça « sympa, gentillet » et moi j'étais miné d'être rock avec ma guitare, et pas du tout avec mes chansons...
Donc, voilà : j'ai enfin un ton qui me met à l'aise. Et je peux commencer à m'occuper parallèlement de mon personnage. Créer un personnage est aussi une obsession : là encore, fort de mon « traumatisme variété », de mon complexe de n'être pas un mauvais garçon, je veux me trouver une identité un peu différente. Il est impératif pour moi d'afficher ce que je sens en mon for intérieur et qui n'arrive pas à sortir, ma face punk...

L'univers de l'image rôde de toute façon autour de moi depuis longtemps. C'est un domaine familier : ma sœur Émilie n'est jamais très loin, ensemble nous faisons souvent des petits films. Mon ami Cyril Houplain est lui aussi très présent. Il a toujours son cahier à dessins sur lui, il n'arrête pas de dessiner et, à la campagne, on parle des heures, lui et moi. Il y a encore mon amie photographe Lisa Roze avec son appareil photo...
La lettre -M-, c'est mon point de départ. Je l'ai tout simplement reprise d'un groupe de rock que nous avons constitué six mois auparavant avec d'autres amis très proches, Jérôme Goldet, Pierre Boscheron, Manu Leduc. C'est Manu qui a suggéré le M. Rien ne le justifiait, ça sonnait bien, c'est tout. Le groupe n'a pas duré, mais le nom m'est resté. J'aimais son côté totalement gratuit. J'essaie de tracer la lettre avec mes cheveux, ça fonctionne, c'est plutôt marrant et tranquillement j'entre dans la peau du personnage. Comme

je suis très inspiré par la collection de vinyles de mes parents, en particulier ceux des Beatles, je déniche aux puces une redingote à brandebourgs très « Sergeant Pepper »... Elle est beige terne, avec Lisa Roze nous la bombons en orange. Je la porte avec un pantalon rayé et des baskets rigolotes. C'est ma première tenue.

Petite anecdote au passage. À ce moment-là, je commence à voir des M. partout : *McDo, Monoprix, Métro*... Une forme de nuage, une ligne de maison, une trace de pneus sur la route, tout me ramène au M. Sur le moment, c'est assez flippant. Je ne sais plus très bien si ça veut dire quelque chose, c'est à la fois très abstrait et affiché partout... Ma promotion est faite, je trouve ça drôle, un jeu presque, mais qui soudain semble me dépasser.

Mais je continue de composer des chansons avec mon petit multipiste. Je joue de tous les instruments, sans vraiment de complexes, je mène de front les idées, les textes, les musiques, les arrangements, les bidouilles... Si je suis seul, là encore, c'est une histoire de « par défaut ». Des amis musiciens passent à la campagne, ils proposent de me donner un coup de main, interviennent parfois sur la maquette mais de manière anecdotique. Dans l'ensemble, j'assure tout. Ce « par défaut » est important parce qu'il me permet de créer mon propre univers, d'aller vraiment jusqu'au bout de moi-même, sans intermédiaire. Et c'est avec cette maquette-là que je commence à démarcher les éditeurs tout en donnant de premiers petits concerts. Je me montre en -M- pour la première fois, et bizarrement, même si c'est peut-être là que je devrais être le plus inquiet de la réaction du public, c'est comme si ça me donnait des ailes... À partir du moment où je m'habille, c'est bon ! Je sens une sorte de vérité dans ce truc-là. Je me dis : « Le reste, je sais pas, mais ça, c'est sûr, c'est bon »... alors qu'autour de moi les gens sont plutôt consternés, persuadés qu'avec un tel look je n'ai aucune chance.

En fait, c'est une manière d'être rock, de déranger un peu. Si j'arborais une banane à la Dick, est-ce que je dérangerais qui que ce soit ? Non, parce que tout le monde l'a assimilée, digérée depuis quarante ans... Être

rocker, c'est être un peu décalé. Plus précisément encore en ce qui me concerne, c'est lutter contre ce qui est politiquement correct, les idées reçues, les préjugés. À ma petite échelle, je suis là avec mon apparence improbable, et je suis porté par l'envie de défendre l'idée que ce n'est pas parce que l'on est loin de l'air du temps que ce n'est pas bien.
J'assume donc facilement ma coupe, mon costume, mon décalage, et très vite mes amis musiciens Maxime Garoute, Pierre Boscheron, Gaël Barbieri et Fixi me rejoignent. Ensemble, nous jouons mes chansons au Cithéa, à la Guinguette Pirate, au Divan du Monde, histoire de se faire connaître auprès des professionnels. Je n'ai pas les moyens de les payer, ce qui rend les choses un peu compliquées parce qu'ils commencent à être très sollicités...
Mais les répétitions ont lieu dans la cave de Pierre Boscheron - qui, depuis, a créé les ambiances sonores de tous mes albums -, et je me débrouille pour assumer tous les frais. Heureusement, j'ai la chance de trouver rapidement un éditeur : Polygram (futur Universal) y croit.

L'éditeur, c'est celui qui s'occupe de l'artiste au sens le plus large du terme (c'est un éditeur, par exemple, qui, à l'époque, a présenté Voulzy à Souchon). Et c'est aussi l'éditeur qui gère les droits et s'occupe de tout l'aspect administratif. Chez Polygram, le mien s'appelle Philippe Lerichomme, il travaille avec Marc Antoine Moreau, des types épatants qui me proposent un contrat exceptionnellement avantageux dans des conditions d'un luxe de temps, d'argent, de confiance inouï. Leurs raisons resteront toujours mystérieuses pour moi. C'est grâce à eux qu'ensuite je trouve une maison de disques... En fait, voici comment ça se passe : je vais frapper aux portes, je donne une cassette, et si je sens que ça peut intéresser, je sors mon gros dossier qui généralement scotche tout le monde.
Dedans, il y a des dessins, des chansons, des personnages... tout l'univers de -M-. Et je dis : « C'est très simple, si vous voulez de moi il n'y a aucun souci,

mais c'est ma sœur qui fait les clips, ma copine qui fait les photos, mon pote qui fait le graphisme... » Je débarque avec toute une équipe, ce qui est peu courant, mais ce qui peut aussi agresser.
En fait, je crois que rien ne peut m'atteindre. Si on me dit : « Je n'aime pas », je réponds : « Ce n'est pas grave, on ne le fait pas ensemble et voilà. » C'est sans doute la raison pour laquelle ça a pris tout de même un peu de temps avant que je signe avec un producteur.
Delabel finit par accepter. Je tiens à enregistrer l'album à la campagne. Je veux conserver l'ambiance, l'humeur dans laquelle je l'ai composé. Je dispose d'un budget pour louer un studio mobile très perfectionné pendant un mois. Au fil des semaines, des amis passent, participent.
Et dès la sortie du disque, j'enchaîne des petits concerts, des premières parties. Je commence à travailler avec le tourneur Charles Bensmaine d'Olympic. Il s'occupe de Mathieu Boogaerts depuis un an. D'emblée, il me dit : « Soit tu as un groupe et tu fais une vingtaine de concerts, soit tu joues seul et tu en feras cent. » Alors je me débrouille pour assurer un maximum de choses avec un minimum de gens. Au tout début, nous ne sommes que trois : Olivier Lude au son, Christophe Merlaud au backline et à la régie, et moi.

Olivier, je le rencontre au Trianon Hall, un studio de répétition où j'allais souvent lorsque j'accompagnais Sinclair, Faudel, Gérald Toto ou d'autres. Il était l'ingénieur du son maison. On sympathise très vite et, dès que je me lance, il propose de me donner un coup de main. J'aimais vraiment ses sons, je l'ai appelé. C'est lui qui me présente Christophe (Tof), son ami d'enfance qui devient backliner, régisseur, conducteur, etc., sur notre mini-tournée. Ça peut paraître dingue, mais il faut savoir que depuis, si Olivier ou Tof ne sont pas là, je préfère ne pas jouer. Ce sont des gens qui sont toujours restés d'humeur égale, qui se sont investis parce qu'ils y croyaient... Comme Vincent Segal qui nous rejoint assez rapidement.

Vincent, lui, je le rencontre par l'intermédiaire de la bande du groupe Vercoquin, de très bons amis musiciens, en particulier Seb Martel. Vincent fait partie de l'Olympic Gramophone, une formation de jazz-rock expérimental. Lorsque je songe à intégrer du violoncelle, des cordes, je le contacte. Il n'est pas vraiment intéressé, mais Seb le convainc. C'est donc grâce à Seb que Vincent accepte... Et lui non plus ne m'a pas lâché. On n'oublie pas ceux qui sont là quand il n'y a pas grand monde. Et il n'y a alors pas grand monde pour acheter l'album !

Cela dit, j'ai toujours été stimulé par le fait qu'on ne croie pas en moi... Plus je dois convaincre, plus j'ai envie de convaincre. Il y a quelque chose d'un peu magique à se dire que l'on part d'un truc qui n'a aucune chance de réussir, et qu'il va falloir séduire avec ça. Je suis excité par les premières parties précisément parce que c'est ingrat. Arriver à retourner la salle dans ces conditions, c'est incroyablement fort.

Il y a alors mon premier Bercy. Je joue en première partie de Texas, devant 17 000 personnes qui attendent Sharleen Spiteri avec impatience. J'ai une petite guitare en plastique, je dis : « Tiens, je vais vous jouer du Texas. » Je me mets à faire n'importe quoi en chantant une sorte de « hihihihihi ». C'est tellement dingue que les gens ne me jettent pas, ils huent autant qu'ils applaudissent.

Mais les producteurs, eux, baissent un peu les bras parce que le disque ne marche pas trop malgré les concerts.

Dans une boutique à Bordeaux, je demande *Le Baptême*, le vendeur me dit qu'il ne l'a pas et puis, après hésitation, ouvre un tiroir dans lequel l'album est effectivement, ils en ont un unique exemplaire, mais il est cassé ! C'est le genre de petits moments un peu glauques quand même, même si je ne suis pas vraiment miné. Je pense qu'avec mon look et mes chansons décalés, c'est la moindre des choses que cela puisse ne pas marcher. Mais évidemment, cet argument ne rassure pas Delabel. On me demande de faire un nouvel album rapidement, de passer à autre chose. Sauf que moi, j'insiste pour mettre en avant la chanson *Machistador* qui fait partie du *Baptême*. C'est un morceau plus disco, plus rigolo, je crois qu'il a des chances de décoller et je m'obstine. Peu de gens y croient, je dois vraiment me battre jusqu'à ce que j'obtienne gain de cause à la condition de refaire une version plus radio du morceau. C'est comme ça que je commence à travailler avec Philippe Zdar, un fantastique mixeur qui a vraiment le sens du son. J'appelle également mon ami Marlon B. qui est un excellent réalisateur. Je leur demande de revoir *Machistador* avec moi. En même temps, avec Émilie on a eu une idée pour un clip dont elle finance la moitié. Et là, tout à coup, ça marche ! Ça passe partout, de 5 000 albums vendus, on atteint quelque 50 000 à la fin de la tournée.

C'est à cette période que Cyril Atef rejoint le groupe. Je suis très proche d'autres batteurs, Maxime Garoute, Patrice Renson... Mais je sais qu'un bassiste joue bien avec un batteur qu'il connaît bien. Je propose donc à Vincent Segal de choisir. Et comme Cyril lui aussi fait partie de l'Olympic Gramophone... Mais il faut savoir que si nous nous agrandissons à ce moment-là, c'est seulement parce que ça commence à marcher mieux. On a un peu plus de public, un peu plus d'argent et donc de plus grandes salles qui méritent un musicien supplémentaire. Évoluer, suivre un ordre naturel, logique, cohérent, c'est essentiel pour moi. La cohérence, à tous les niveaux, c'est ce qui me permet de garder le cap. Et c'est aussi ce qui me permet de dire à tous les artistes que s'ils ne suivent pas certaines de leurs obsessions, ils risquent de se perdre. Si j'avais cédé à toutes les pressions que j'ai subies, l'histoire n'aurait pas été la même. En fait, il faut toujours penser que l'on n'a rien à perdre.

La redingote de velours rouge, réalisée par Carole Jouffroy.

DÈS LE DÉBUT, MATT M'A PROPOSÉ DE FAIRE DES IMAGES. CHEZ LUI, L'AMITIÉ EST LIÉE À LA CRÉATION. C'EST UN VRAI MODE DE COMMUNICATION. JE CROIS QU'ON FONCTIONNE UN PEU DE LA MÊME MANIÈRE : ON AIME LES MOMENTS DE VÉRITÉ QUE L'ON NE MAÎTRISE PAS. JE TRAVAILLE AU POLAROÏD, C'EST INSTANTANÉ. ON SE RETROUVE DANS CETTE APPROCHE D'UN PLAISIR SIMPLE. LES PETITS BIDOUILLAGES, QUOI. **Lisa Roze**

Avril 1997. Sortie de l'album *Le Baptême*

Les premiers concerts

NOUS RENTRONS D'HENDAYE EN CAMION. TOF DORT, MATT CONDUIT PARCE QUE JE N'AI PAS MON PERMIS. C'ÉTAIT LA TOURNÉE DU *BAPTÊME*, ON VENAIT DE FAIRE LA PREMIÈRE PARTIE DE LOUISE ATTAQUE. MATT A PASSÉ LA NUIT À ME CONVAINCRE DE FAIRE LE SON DE SON PROCHAIN ALBUM, DE ME LANCER EN STUDIO. C'EST UN MOMENT FONDAMENTAL POUR MOI. CE MEC A CHANGÉ MA VIE. **Olivier Lude**

1997. Premiers concerts parisiens au Trianon Hall, au Divan du Monde et au Rex Club.

Le décor de Cyril Houplain au Trianon Hall avec Pierre Boscheron, Marlon B., Gaël Barbieri et Fixi.

-M- vu par Jean-Pierre Khazem.

1998. -M- à l'Élysée Montmartre. Gladys et Vincent Segal aux Francofolies. Le chapeau gyrophare de *Cardiac Danse*.

Marshall

Le Baptême

C'est voyant comme je t'aime
C'est troublant de jouer ce thème
La cérémonie du baptême
Qu'il est bon de faire ce qu'on aime
De danser le papillon
De jouer au poisson sans hameçon
Baba cool je bois la tasse
Elle, elle joue au tourbillon
Il serait temps que l'on s'embrasse
Mais je vole au-dessus des messes
Je n'crois plus aux belles promesses
Je vais dîner toute ma tristesse

Car j'opte pour l'âme
J'suis apte pour le M
J'ai changé mon matricule
Immaculé, je mets un M
j'opte pour l'âme
Je suis apte pour le M
Qu'il est bon de faire ce qu'on aime
À même la peau, à même les veines

C'est un coup de vent mystique
Qui te prend et qui te pique
Qu'il est bon de perdre ses tics
Ce vent m'a démomifié
Je me sens léger comme l'air
Je ne crois plus à l'éphémère

Car j'opte pour l'âme
J'suis apte pour le M
J'ai changé mon matricule
Immaculé, je mets un M
J'opte pour l'âme
Je suis apte pour le M
Qu'il est bon de faire ce qu'on aime
À même la peau, à même les veines

-M-/UNIVERSAL MUSIC PUBLISHING/LABO M ÉDITIONS

Mr

ON A COMMENCÉ À BOSSER ENSEMBLE TRÈS NATURELLEMENT. MATT FAIT DE LA MUSIQUE, JE FAIS DE L'IMAGE, C'EST COMPLÉMENTAIRE. IL M'A DEMANDÉ DE TOURNER SON PREMIER CLIP, *NOSTALGIC DU COOL*, JOSEPH ET ANNA JOUAIENT DEDANS. DEPUIS, IL Y EN A EU D'AUTRES, ET PLUS ÇA VA, PLUS J'AI LE TRAC. LA BARRE EST PLACÉE DE PLUS EN PLUS HAUT. ÊTRE SŒUR ET FRÈRE NOUS REND ENCORE PLUS EXIGEANTS. **Émilie Chedid**

1997. Tournage du premier clip *Nostalgic du cool* réalisé par Émilie Chedid au Robinet Mélangeur.

Extrait du clip *Machistador* réalisé par Émilie Chedid, décor de Cyril Houplain.

AVEC NOTRE VIEUX CAMION, SUR LA TOURNÉE DU *BAPTÊME,*
ON S'ARRÊTAIT DANS DES STATIONS-SERVICE.
ON PIQUAIT DES FOUS RIRES, ON SE DISAIT : « PUTAIN, LE JOUR
OÙ IL Y AURA DES DISQUES DE – M – EN VENTE ICI ! » **Christophe Merlaud**

Le vinyle de *Machistador*, remixé par Philippe Zdar et Marlon B.

1999-2000 Je dis aime

Après *Le Baptême*, je reste sur un sentiment de frustration. Celui de n'avoir disposé que d'un mois pour enregistrer l'album. Alors pour le suivant, dont je ne sais pas encore ce qu'il sera, je décide très vite d'opter pour une autre solution : avec le budget qui m'est alloué, plutôt que d'utiliser un matériel très complet de location, j'achète des machines plus modestes, mais qui, au moins, restent et me permettent de prendre davantage de temps. Pour mes projets et pour ceux des autres. Butiner d'un univers à l'autre, ça fait partie de ma vie : dès que j'ai cinq minutes, je vais voir ailleurs, j'ai besoin de ça. Donc, je travaille pour Thierry Stremler, Nery, Vanessa Paradis, etc. Et petit à petit, tranquillement, je prépare mon nouvel album. Certaines chansons sont prêtes, comme *Mama Sam* ou *Je dis aime* que j'ai déjà chantées sur scène à la fin de la tournée du *Baptême*.

Il faut savoir que *Je dis aime* est très symbolique pour moi. C'est le premier texte qu'Andrée Chedid, ma grand-mère, m'a écrit. Nous en avions envie tous les deux. Je suis très touché, très ému par cette collaboration.

“ JE DIS AIME ”

Ensuite, les autres chansons, et d'autres encore, je les compose en même temps que j'enregistre. Je suis toujours installé à la campagne, la grange est transformée en studio un peu artisanal, ce bric-à-brac que l'on voit sur la pochette de *Je dis aime*. Je crois à ce concept : faire un disque dans un lieu quotidien. À mon avis, c'est une bonne manière de s'abandonner, de s'oublier un peu. Si l'on s'enferme dans un studio, c'est peut-être mieux pour la concentration, mais ça reste quand même l'idée de « on va faire un disque ». Alors que si tout se passe à la maison, au bout d'un moment, forcément on oublie l'idée du disque, on fait de la musique, un point c'est tout. C'est toujours pareil : quand on est obsédé par le résultat, on n'y arrive pas, alors que si l'on oublie de penser à ce que l'on est en train de faire, si l'on aborde les choses par un chemin détourné...

Pour l'écriture, c'est très simple, j'ai la même attitude : soit je n'écris pas du tout, soit j'écris tout le temps et, dans ce cas-là, il arrive forcément un moment où ça vient tout seul, où j'oublie de réfléchir... C'est ce moment précis que je recherche, ce moment où je ne pense plus. Pour moi, une chanson réussie, c'est une chanson qui m'échappe, une chanson qui est au-dessus de moi.

Cela dit, chaque fois que je m'y remets, j'ai peur que l'inspiration ne revienne plus. Au début, c'est très laborieux, ça me prend énormément de temps, je tourne en rond. Et les premiers textes me paraissent pathétiques. J'ai envie de tout jeter, mais c'est parce que je ne le fais pas, parce que j'attends avant de relire que j'arrive à y croire. Je décèle certaines choses que je n'avais pas du tout maîtrisées au moment de l'écriture...

Ce que j'essaie de conserver, c'est donc un côté « lâcher prise », une sorte d'écriture automatique, laisser parler la voix de l'inconscient.

Et puis j'aime bien l'idée d'être joueur : pour la chanson *Le Complexe du corn flakes*, je n'ai d'abord que le thème général et cette seule expression qui me plaît. Je prends mon micro et je commence à improviser juste avec cette phrase : *J'ai le complexe du corn flakes*. Le reste des paroles et la voix suivent, comme ça, en une seule prise. C'est cet enregistrement que j'ai gardé sur l'album. Je ne l'ai pas retouché.

Ma culture est instinctive plus que scolaire, je ne suis pas le mec qui déchire, dont on dit : « Putain, techniquement, il joue comme un fou ! » Moi, c'est davantage... et tout à coup la note qui sonne vraiment bien. Je cherche l'âme plus que la partition, l'instant où ça m'échappe...
Bien sûr, il y a du travail, mais qui privilégie toujours l'instinct.
Travailler, c'est jouer tout le temps, se lancer, y être. C'est ça : la persévérance. Et la concentration. La concentration, de toute façon, c'est pour moi un réflexe de survie, il n'y a pas le choix. Étant donné que je suis mauvais un peu partout, si en plus je suis moyen en musique...
Ce qui me permet d'être concentré sur certaines choses, c'est évidemment que l'on me soulage sur d'autres. Ce qui, jusque-là, est le rôle de Freddy Lamotte et devient, entre *Le Baptême* et *Je dis aime*, celui de Nicole Schluss. Elle est chef marketing chez Delabel, mais elle a envie de changer et nous décidons de travailler ensemble. En fait, elle fait un métier d'une ingratitude totale, qui ne porte pas de nom : manager, agent, secrétaire, bras droit, coordinatrice... Aucun terme n'est vraiment exact. Elle est là pour me protéger, gérer, organiser, penser, conseiller, orchestrer toute l'organisation, pendant que moi, je me consacre à la musique. C'est indispensable.

Au moment de *Je dis aime*, je décide aussi de prendre des cours de chant avec Jane X. Jusque-là, comme je considère que de toute façon je ne chante pas bien, ça ne m'a pas paru utile. Mais justement, à force de chanter de plus en plus, je finis par y croire un peu… Et c'est le fait d'y croire qui m'encourage à prendre des cours. J'ai un peu plus confiance et je pense que ça vaut sans doute la peine. Même si j'aime le concept du « par défaut », même si j'ai pris l'habitude de penser que c'est en jouant de ce défaut plutôt qu'en tentant de le masquer que je trouverai ma personnalité.
Je comprends qu'il y a moyen de s'améliorer toujours en tout. D'autant que la voix, c'est beaucoup une histoire de souffle, c'est physique. De ce point de vue, il y a chez moi une séparation terrible entre l'esprit et le corps, j'ai toujours eu du mal à faire le lien entre les deux. J'ai un vrai souci avec ça. Il y a d'un côté la tête, et de l'autre le corps, alors qu'il est évident que tout est lié. Plus on sent son corps, mieux on chante. On découvre que le son part des pieds, qu'il faut être ancré au sol pour bien chanter, se sentir stable.
Et puis je commence à travailler de plus en plus avec Olivier Lude. Il faut savoir que si Olivier a fait le son de tous les concerts du *Baptême*, nous ne nous sommes encore jamais retrouvés ensemble en studio. Mais je bosse tellement bien avec lui que je lui demande de s'occuper aussi de mon prochain disque. Il est terrifié, certain d'en être incapable, j'insiste et il accepte d'essayer. C'est donc lui qui fait toutes les prises de son de *Je dis aime* et de tous les autres albums à venir… Nous nous enfermons à la campagne, des musiciens passent, participent, Vincent Segal, Cyril Atef, bien sûr, mais aussi Marlon B. Maxime Garoute, Pierre Boscheron, ma bande habituelle qui n'est jamais loin. Pour le mixage qu'Olivier ne maîtrise pas encore parfaitement,

Philippe Zdar, qui est vraiment une pointure, revient. Nous choisissons de mixer l'album à la campagne toujours, ce qui est totalement inconscient parce que normalement il faut faire ça dans un studio vraiment perfectionné. Mais là encore, comme j'ai acheté du matériel, j'économise sur le reste. Et puis, de cette manière, j'ai davantage l'impression de conserver mon son, ma couleur. Ensuite, le mastering de l'album se fait en Grande-Bretagne avec Ian Cooper, qui est une légende dans ce domaine. Le mastering, c'est la dernière étape, le vernis fixant, l'équivalent de l'étalonnage pour un film. C'est ce qui permet de donner l'enveloppe générale, ça peut tout changer. J'ai toujours eu conscience que cette étape, qui est à la fois très technique et artistique, est capitale.
Pour la pochette, cette fois, elle est réalisée par le photographe Laurent Seroussi. J'ai été fasciné par les images qu'il a réalisées pour *Fantaisie militaire*, l'album d'Alain Bashung, et pour celui des No One Is Innocent. Pour les besoins de la photo, il passe une semaine à recouvrir de Scotch orange le studio à la campagne...

Lorsque le disque sort, je pars en tournée presque immédiatement alors que la plupart des artistes attendent généralement quelques mois. Je sais que c'est en montant sur scène que je peux convaincre le public. Lors du *Baptême*, tant de gens m'ont dit et répété : « C'est bien, tes disques, mais la scène c'est tellement mieux... »
L'équipe grossit : il y a évidemment Olive, Tof, Vincent, Cyril, et Shalom qui nous rejoint rapidement. Shalom, qui est vraiment un orfèvre des platines, vient lui aussi, c'est important, de l'Olympic Gramophone. Et puis on compte un

régisseur en plus, et Vincent Idez qui s'occupe des lumières... Moi j'ai juste le sentiment d'une évolution logique : on a plus de public, on a un peu plus d'expérience, les scènes sont plus grandes, on entre plutôt dans le réseau des salles rock, donc, naturellement, on s'étoffe. Pour le reste, tout garde la même cohérence.

Depuis le début, je suis très précis dans la direction artistique, très exigeant sur le fond, je sais où je veux aller, je donne les règles du jeu... mais mes règles du jeu, c'est aussi accepter chacun tel qu'il est. Quand on est trop exigeant, le risque c'est de forcer l'autre à de tels compromis qu'il finit par n'être plus qu'un petit bout de lui-même. Alors je laisse une très grande liberté d'expression à chacun. J'ai toujours peur de passer à côté d'un trésor. Pour que quelqu'un puisse révéler son trésor, il faut qu'il se sente bien, il faut lui faire confiance, et là, le résultat est tellement plus fort... Ça passe par le dialogue. J'implique les musiciens, j'ai besoin qu'ils assument le moindre détail. Ils sont très demandés... S'ils choisissent de partir en tournée avec moi, j'ai envie qu'ils soient contents d'être là. On me dit que je suis trop gentil, mais je joue avec des musiciens superdoués qui m'apportent énormément. C'est une affaire de respect. Plus on respecte quelqu'un, plus il se donne.

Lors de cette tournée, certains moments sont inoubliables : le festival des Vieilles Charrues à Carhaix, en Bretagne. Je suis programmé sur la grande scène, ce qui est déjà extraordinaire. Et 60 000 personnes sont là, prises dans l'ambiance. On fait la une des journaux locaux, je deviens l'une

des petites mascottes de l'endroit et, vraiment, j'en suis le premier surpris. Il y a cinq Olympia aussi ! Ces concerts-là sont très symboliques, très impressionnants pour moi, même si, bien sûr, plein d'autres soirées sont également marquantes, comme un concert vraiment fabuleux à Lille.
Et puis en 2000, avec *Je dis aime*, il y a les Victoires de la musique : je suis nominé trois fois, ce qui me paraît dingue, d'autant plus quand je me retrouve au milieu de stars comme Souchon, Mylène Farmer ou Johnny Hallyday. Delabel paraît encore plus étonné que moi mais me prévient : « Tu n'auras rien, sinon on le sait un peu à l'avance, ne t'emballe pas... » En fait, je ne m'emballe pas du tout, je suis plutôt inquiet, touché mais inquiet, et comme on me convainc que c'est peine perdue, je ne prépare rien. Et je remporte deux Victoires, concert et interprète de l'année...
À partir de là, l'album marche de mieux en mieux.

Je refuse la télé parce que les quelques rares plateaux sur lesquels je me suis rendu au début ne m'ont pas convaincu. Et puis je crois avoir un mélange de sur-confiance et de manque de confiance en moi : je me dis que ma force c'est la musique et que moins je ferai autre chose, plus ce sera fort. Je me construis en concert, et je n'ai pas envie d'un quiproquo, que l'on puisse croire que je suis arrivé là grâce aux médias. Je veux continuer à aimer le côté artisanal de mon aventure. J'ai envie de me sentir intègre, entier. *Je dis aime* comme *Le Baptême*, pour moi, ce sont des histoires à échelle humaine. Je tiens à me concentrer sur ces deux aspects : l'humain et le musical. C'est ça le plaisir, et c'est ça l'essentiel.

POUR LA POCHETTE DE *JE DIS AIME*, ON A ENTIÈREMENT RECOUVERT LE STUDIO DE SCOTCH ORANGE, À LA CAMPAGNE. ÇA NOUS A PRIS UNE SEMAINE. MATTHIEU VOULAIT AIDER, MAIS MANUELLEMENT, C'EST UNE VRAIE CATASTROPHE ! ALORS ON L'A RELÉGUÉ À LA GUITARE... **Laurent Seroussi**

-M- vu par Vincent Knapp.

POUR L'ALBUM *JE DIS AIME*, MATTHIEU M'A DEMANDÉ DE PARTICIPER MAIS JE MANQUAIS DE TEMPS. ALORS NOUS SOMMES RESTÉS QUATRE JOURS À LA CAMPAGNE, IL ME PASSAIT LES BANDES ET MOI JE CHARGEAIS LES SONS SUR MON SAMPLER. TOUT ÉTAIT SPONTANÉ, PRESQUE DE L'ÉCRITURE AUTOMATIQUE. **Pierre Boscheron**

Répétition au Labo M avec Vincent Segal et Cyril Atef.

Marshall
Marshall

JE SUIS PARTI ME BALADER PLUSIEURS MOIS AU VIETNAM. C'EST LÀ QUE J'AI FAIT FAIRE UN T-SHIRT BRODÉ -M- POUR MATTHIEU. C'ÉTAIT UN PETIT CADEAU… MAIS LE LOGO A FINI SUR LA POCHETTE DU DISQUE ! AVEC MATTHIEU, ON A INVENTÉ PLEIN DE CHOSES : SUR LA SCÈNE, ON INSTALLAIT MA TABLE DE CUISINE, DES TRUCS DÉNICHÉS CHEZ EMMAÜS OU DANS DES POUBELLES. ON ÉTAIT TOUT UN GROUPE, ON PASSAIT NOTRE VIE ENSEMBLE, C'ÉTAIT JOYEUX ET INCROYABLEMENT CRÉATIF. **Cyril Houplain**

Je dis aime

J'ai les méninges nomades
J'ai le miroir maussade
Tantôt mobile
Tantôt tranquille
Je moissonne sans bousculade

Je dis aime
Et je le sème
Sur ma planète
Je dis M
Comme un emblème
La haine, je la jette
Je dis aime, aime, aime

Du sphinx dans mon rimeur
Paris au fil du cœur
Du Nil dans mes veines
Dans mes artères coule la Seine

Je dis aime
Et je le sème
Sur ma planète
Je dis M
Comme un emblème
La haine, je la jette
Je dis aime, aime, aime

Pour le dehors le dedans
Pour l'après pour l'avant

Je dis aime
Et je le sème
Sur ma planète
Je dis M
Comme un emblème
La haine, je la jette
Je dis aime, aime, aime

ANDRÉE CHEDID/-M-/UNIVERSAL MUSIC PUBLISHING/LABO M ÉDITIONS

Le tour de -M-

M

QUAND JE L'AI RENCONTRÉ, MATTHIEU AVAIT DIX-NEUF ANS. J'AI TOUT DE SUITE PENSÉ QU'IL ÉTAIT UN GÉANT QUI DORMAIT, QUE C'ÉTAIT SEULEMENT UNE QUESTION DE TEMPS. C'EST UN TEL BOSSEUR. IL M'A DEMANDÉ DE LUI DONNER DES COURS DE CHANT, IL ÉTAIT ÉMERVEILLÉ DU TRAVAIL SUR LE CORPS. **Jane X**

25 novembre 1999. Début de
la tournée au Cabaret Sauvage. Nouvelle
redingote de Natacha Gauthier.

Marshall

Marshall
Marshall
cry baby

MATT FAIT ATTENTION À TOUT. LA MUSIQUE, LES MOTS, LES DISQUES, LES IMAGES, LE SPECTACLE… SI ON PREND CHAQUE PETIT DÉTAIL, ON SE REND COMPTE QUE TOUT FAIT SENS CHEZ LUI. IL FONCTIONNE À L'INSTINCT, MAIS UN INSTINCT TELLEMENT TRAVAILLÉ. **Joseph Chedid**

Techniciens
vincent
TOF
Yannick
Pierrick
Tournée
2000
BACKLINER → TOF
Olive : SON
David taïeb "Shalom"
Joueur de Platines

Extrait du *Carnet de route* réalisé par Lisa Roze pour l'édition limitée du double album *Le Tour de -M-*.

ENFANTS, NOUS ÉTIONS VOISINS PRÈS DU PARC MONTSOURIS, ET PUIS LA VIE A PASSÉ, LA TENDRESSE EST RESTÉE INTACTE. MATT, POUR MOI, C'EST À LA VIE, À LA MORT.

Domi, dite Mama Sam

24 novembre 2000. Olympia : Laurent Seroussi réalise en public la photo du *Tour de -M-*.

JE TOURNAIS AVEC LE GROUPE PHOENIX EN ANGLETERRE.
MATT M'APPELLE POUR ME PROPOSER DE PRÉPARER SON PREMIER LIVE
À ESSAOUIRA. NOUS NOUS SOMMES ENFERMÉS POUR DÉRUSHER PENDANT UN MOIS.
IL A TOUJOURS BESOIN D'UNE ÉQUIPE DE GENS PROCHES,
ET L'ART DE LES METTRE EN CONTACT. **Patrice Renson**

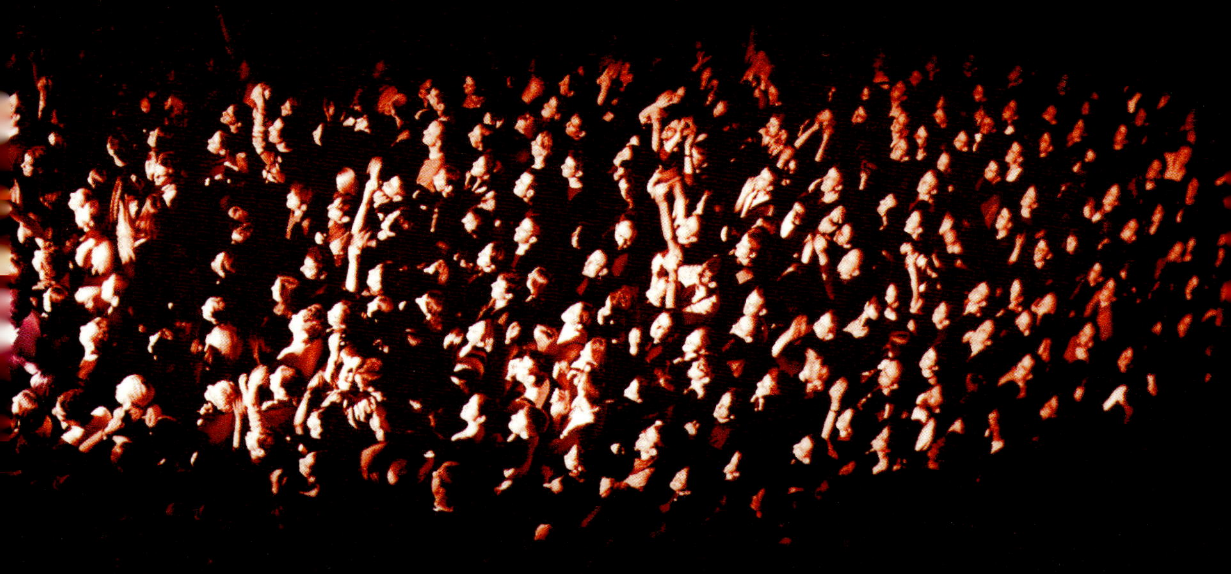

Vincent Segal.

QUAND MATT M'A DEMANDÉ DE L'ACCOMPAGNER, J'AI HÉSITÉ, LA CHANSON FRANÇAISE NE ME TENTAIT PAS TROP. MAIS IL M'A EMMENÉ À LA CAMPAGNE, JE M'Y SUIS TELLEMENT BIEN SENTI. C'ÉTAIT D'UNE EXTRÊME COOLITUDE ET À LA FOIS IL ÉTAIT DÉCIDÉ, BOSSEUR, PRÊT. ON S'EST RENDU COMPTE QU'ENSEMBLE, ON POUVAIT FAIRE DU GROS SON. **Vincent Segal**

Cyril Atef.

David Taïeb « Shalom ».

16 décembre 2000. À Tours, 108e et dernier concert du *Tour de – M*

24 novembre 2001. Pour les vingt ans du New Morning,
Eglal Fahri, sa propriétaire, donne carte blanche au Labo M.

ANS !
Arch

La parenthèse

Studios Conway de Los Angeles.
Enregistrement de l'album *bliss.*
Matthieu, Vanessa Paradis et Olivier Lude.

MATTHIEU AVAIT COMPOSÉ LA MUSIQUE DE LA CHANSON *L'AIR DU TEMPS* ET ON VOULAIT ÉCRIRE LES PAROLES ENSEMBLE. ON S'EST INSTALLÉS CÔTE À CÔTE, CHACUN AVEC SON CAHIER. DEUX COLLÉGIENS DEVANT UNE RÉDACTION ! ON ÉPIAIT LES MOTS ET LA FEUILLE BLANCHE DE L'AUTRE, ON S'INTERROGEAIT : « T'AS TROUVÉ QUELQUE CHOSE, TOI ? » MAIS RIEN ! ON SÉCHAIT LAMENTABLEMENT, ON N'ARRÊTAIT PAS DE RIRE, ON A DÛ CHANGER DE MÉTHODE ! **Vanessa Paradis**

Août 2001. Sortie de *Y'a des zazous*,
duo avec Brigitte Fontaine sur l'album *Kékéland*.

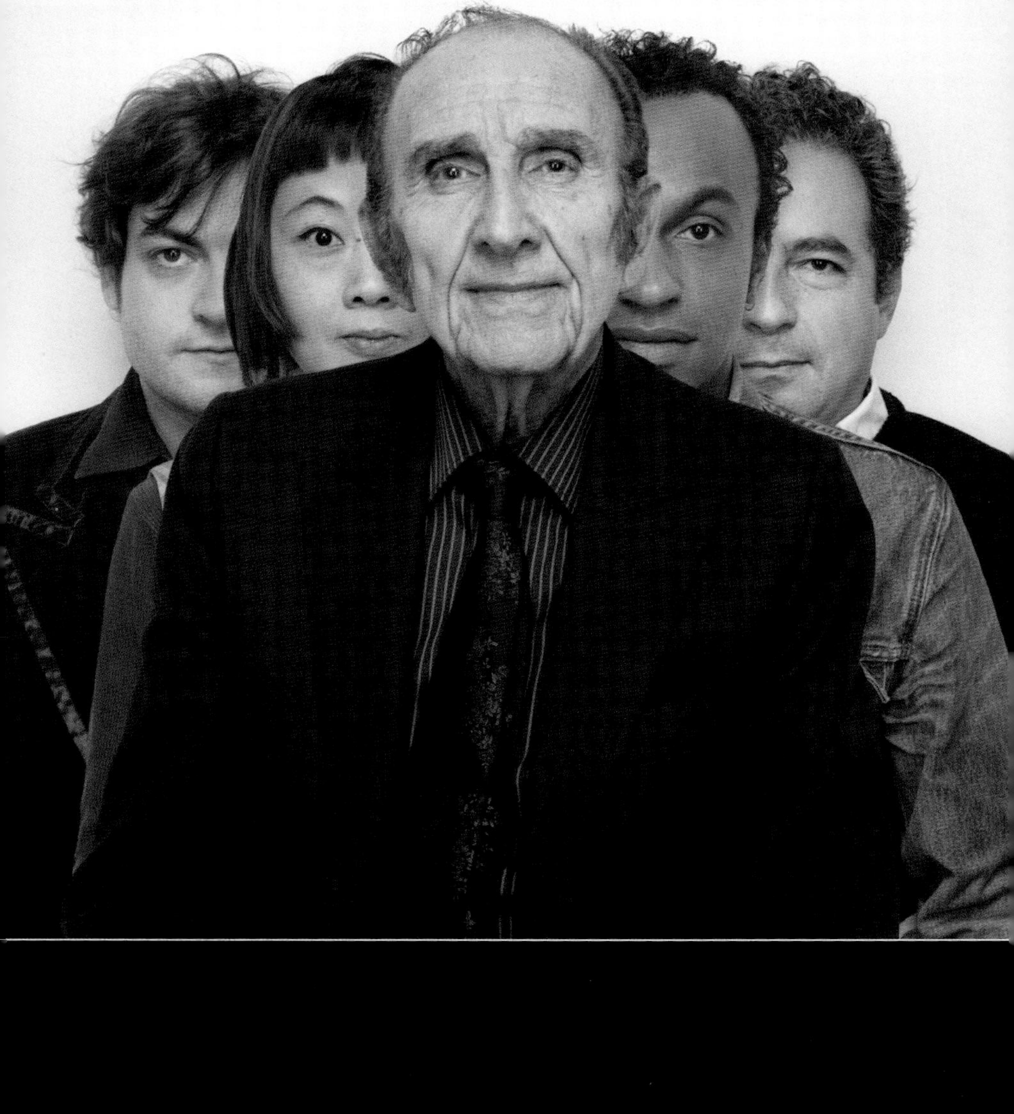

Mars 2003. Sortie de l'album de Lili Boniche, *Œuvres récentes*.
Matthieu, Mami Chan, Manu Katché et Jean Touitou entourent Lili Boniche

Juin 2003. -M-, croqué ici par Sylvain Chomet, interprète la chanson du film, sur une musique de Ben Charest.

JE VOULAIS TERMINER MON FILM, *LES TRIPLETTES DE BELLEVILLE*, AVEC UNE CHANSON SIMPLE ET HEUREUSE. EN FAIT, JE PENSE QUE CES DEUX MOTS ILLUSTRENT BIEN LA FAMILLE CHEDID EN GÉNÉRAL. LE TALENT DE MATTHIEU, JE CROIS VRAIMENT QU'IL LE DOIT À SA SIMPLICITÉ. ET PUIS IL SAIT SWINGUER, C'EST UNE GRANDE QUALITÉ DE NOS JOURS. **Sylvain Chomet**

Matthieu et Céline B. interprètent *J'ai une pensée*, la chanson du film *Peau d'ange* réalisé par Vincent Perez.

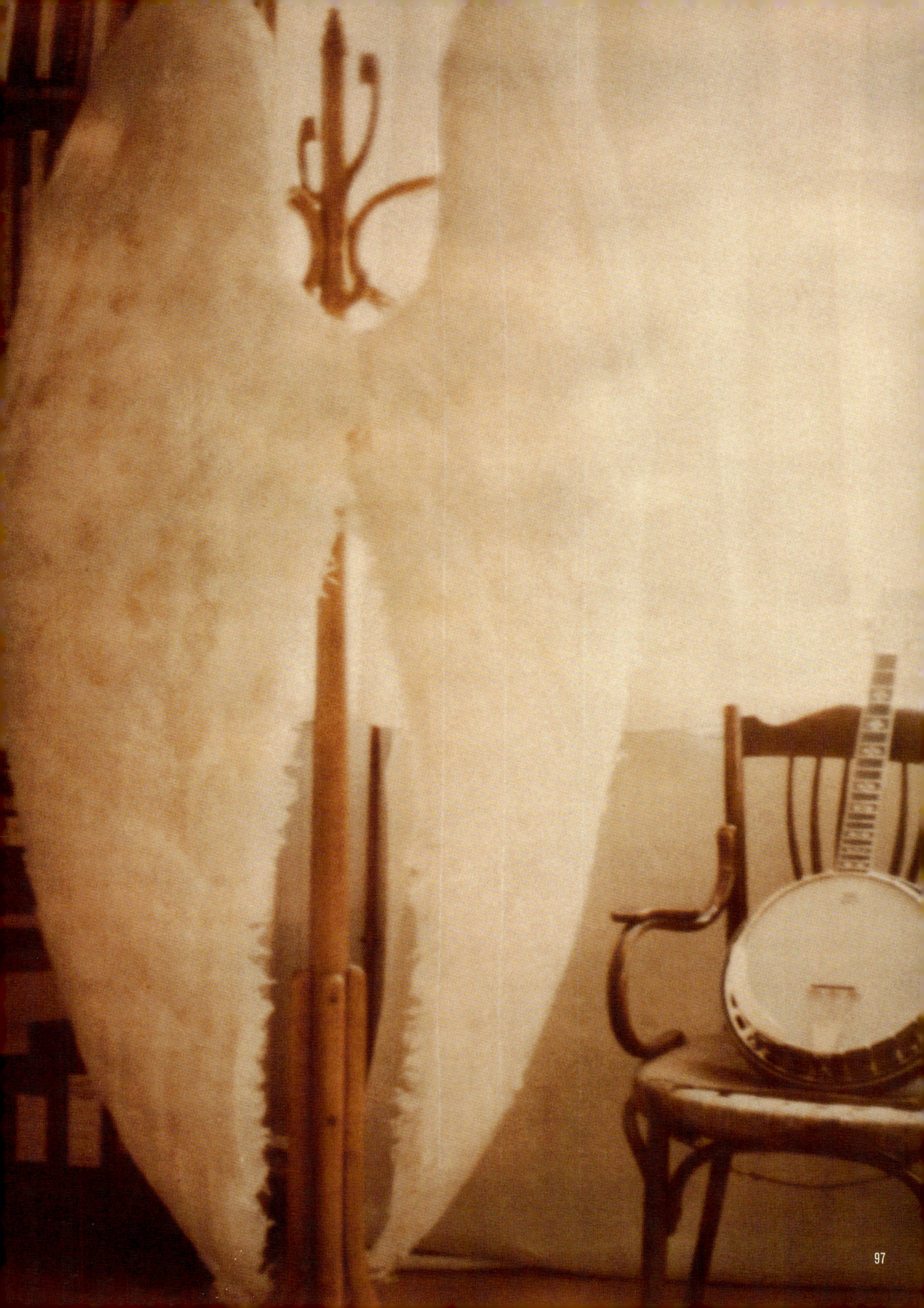

Portraits signés Lisa Roze pour son exposition *Correspondances*.

Bumcello

Cécile de France

Mathieu Boogaerts

Pierre Souchon

Julien Voulzy

Thomas Dutronc

ON ÉTAIT ADOS, LE MUSICIEN DAVID MCNEIL, AMI DE MES PARENTS, A PASSÉ TOUT UN WEEK-END À APPRENDRE À MATT DES BASES DE GUITARE. IL BUVAIT ET CRIAIT PAS MAL, MAIS MATT, SANS MÉDIATOR, LES DOIGTS LITTÉRALEMENT EN SANG, PERSÉVÉRAIT SANS SOURCILLER. C'EST TOUT LUI. **Pierre Souchon**

Studio Labo M

VOX
Marshall

Réalisation du DVD interactif *Les Leçons de musique,* conçu et réalisé par Émilie Chedid.

EN STUDIO, MATTHIEU
ET MOI ON PARTAGE
LA MÊME PHILOSOPHIE :
SOUPLESSE ET LIBERTÉ.
ON DIT « OUI » À TOUT.
QUELQU'UN PROPOSE
D'ESSAYER LE SON
D'UN SAC PAPIER QUI
SE DÉCHIRE ? ON SE LANCE !

Philippe Zdar

LABO M

18 février 2003. Album instrumental *L'Arrière-Boutique de -M-*, onze titres enregistrés entre 1995 et 2002.

MATTHIEU A UN VRAI SENS DE L'EXCENTRICITÉ. POUR UN LUTHIER, C'EST TRÈS INTÉRESSANT, ÇA PERMET D'ALLER PLUS LOIN, DE TENTER DE NOUVELLES ALLIANCES. IL VOULAIT UNE GUITARE QUI SYMBOLISERAIT SON NOUVEAU STATUT DE PÈRE. IL AVAIT DES IDÉES PRÉCISES, UNE ENVIE D'ACOUSTIQUE MÊLÉE À DES SPÉCIFICITÉS ÉLECTRIQUES. LA GUITARE BILLIE EST NÉE.

Cyril Guérin

J'ASSISTE À UN SHOW-CASE DE – M –. LE LENDEMAIN, JE LUI ÉCRIS UNE LETTRE, QUELQUE CHOSE D'UN PEU POÉTIQUE QUE JE NE LUI MONTRE QUE DES ANNÉES PLUS TARD. MATTHIEU PREND ALORS SA GUITARE, ON A JUSTE CHANGÉ QUELQUES MOTS ET UNE HEURE PLUS TARD, LA CHANSON *QUI DE NOUS DEUX* ÉTAIT BOUCLÉE ! **Marcel Kanche**

Olivier Lude,
Antonin Maurel,
Marcel Kanche…

... Céline B, Anna Chedid, Philippe Zdar, Patrice Renson.

D'ABORD, JE VOUDRAIS DIRE QUE – M –, POUR MOI, CE N'EST PAS DU TOUT LA MÊME PERSONNE QUE MATTHIEU, MON FRÈRE. JE FAIS BIEN LA DISTINCTION. VOILÀ. C'EST LUI QUI M'A PROPOSÉ DE FAIRE LES CHŒURS, SUR SON DISQUE. IL M'A DIT QU'IL AIMAIT BIEN MA VOIX. ÇA M'A FAIT PEUR. MAIS EN STUDIO, AVEC OLIVIER LUDE ET LUI, C'ÉTAIT TROP BIEN. IL M'A MISE EN CONFIANCE, COMME D'HABITUDE ON S'EST TAPÉ DES FOUS RIRES. OLIVIER DISAIT QUE MATT CHANTAIT COMME CHER, ET MOI COMME LARUSSO ! EN FAIT, ÇA M'A DONNÉ ENVIE DE CHANTER, ET PLEIN D'AUTRES ENVIES ENCORE. **Anna Chedid**

Jérôme Goldet, coauteur de *La Bonne Étoile* et de *Je me démasque.*

Matthieu et Thomas répètent la chanson *La Bonne Étoile*.

ON EST AU COLLÈGE, EN COURS D'ANGLAIS, LA PROF DESSINE UN LAPIN, ET JE NE SAIS PAS POURQUOI, ON PART D'UN FOU RIRE QUI NE S'ARRÊTE PLUS JAMAIS. MATT ET MOI,

ON ÉTAIT LES SPÉCIALISTES DES BLAGUES DE GAMIN. SAUF QUE MAINTENANT, ON TRAVAILLE TROP, ALORS ON NE PEUT PLUS JAMAIS FAIRE LES CONS. **Thomas Dutronc**

L’avantour

Avril 2003. *L'Avantour*, petite tournée de douze dates, annoncée uniquement via le site Internet. Matthieu interprète les nouvelles chansons de *Qui de nous deux* alors qu'elles ne sont encore ni terminées ni mixées.

– M –, JE L'AI DÉCOUVERT À LA RADIO, IL Y A CINQ ANS.
SA VOIX M'A MARQUÉE, UNE VOIX RARE. NOTRE COLLABORATION
S'EST FAITE NATURELLEMENT. IL S'HABILLAIT CHEZ MOI, ET J'AI EU ENVIE
DE LUI DESSINER DES COSTUMES PARTICULIERS. **Agnès b.**

2002-2005 Qui de nous deux

Chaque album est une nouvelle étape à laquelle correspond un outil particulier. Après *Je dis aime* qui est vraiment lié à mon studio installé dans la grange, Olivier et moi, on veut aller plus loin. Alors on refait tout à la campagne, les travaux durent six mois, et effectivement on construit un nouveau studio plus professionnel, plus performant, mieux insonorisé... Mais bien sûr, équipé de matériel vintage des années 1960.
Même si l'on peut obtenir n'importe quel effet avec un ordinateur, ça n'a rien à voir. Pour moi, il y a une chose qui a une âme et l'autre qui n'en a pas. La différence est incroyable. Je le jure ! La même note sur une console numérique moderne ou sur une console en bois ancienne donne un résultat radicalement différent. Dans le premier cas, c'est un son de synthé, dans l'autre, c'est émouvant à en pleurer... J'ai besoin d'argentique, d'organique, de matière... j'en suis fou. De la même façon, je ne fais pas un concert sans ma guitare Stratocaster de 1964...
Mais ce qui donne vraiment à cette période un sens fondamental, une couleur si particulière, c'est le fait que Céline, ma fiancée, attend un enfant... L'après-*Je dis aime*, c'est surtout l'avant-paternité. Moi qui aime bien l'idée des étapes, je me rends évidemment compte que celle-là est sérieuse. Et si c'est à cette époque que je décide de faire le disque instrumental *Labo M*, c'est sans doute une manière de tuer ma part d'adolescence. Parce que cet album, c'est un peu la genèse de -M-, un retour aux sources sur les traces des premières mélodies, des premières inspirations, des premières ambiances. J'ai alors envie de me reconnecter avec ce qui s'éloigne de moi, de revenir sur les cinq dernières années, mon énergie, l'enthousiasme débridé de la jeunesse artistique. Comme une visite de mes tiroirs.

-M-

Olivier Lude est indispensable pour y arriver. Avec l'aide de son ami Manu Laruiz, il retrouve et classe mes enregistrements, mes bouts de musique, il prend entièrement en main l'archivage, le dérushage. Avec moi, tout se perd : j'ai souvent le sentiment douloureux de déborder d'idées, non pas de bonnes idées, mais d'idées. Ça n'arrête pas, je les note sur un cahier, une cassette, un dictaphone, et puis je les perds, je ne sais plus où je les ai mises. Je me sens comme un mec qui a des idées plein les poches mais dont les poches sont trouées. Donc, retrouver tout ça, répertorier, c'est une manière de faire un point, un petit bilan.
Et puis je veux revenir à l'essence, à ce qui existe avant les intermédiaires, les compromis. Quand on fait un disque, on part de petits trucs à soi, et au fur et à mesure que l'on avance, que l'on peaufine, forcément on les transforme, on les fait évoluer. D'un côté, c'est une amélioration bien sûr, mais de l'autre, l'idée originelle est toujours un peu désincarnée. Le Labo M, c'est aussi une manière de revenir à ce noyau, de m'exposer sans aucun intermédiaire. J'aime l'idée de mettre les autres dans la confidence, de leur montrer qu'au commencement de telle chanson il y a telle esquisse. Peut-être que ça n'intéresse personne, mais moi j'en ai besoin...

Voilà. Et Billie, ma fille, naît. On compare souvent la création à un accouchement. Les auteurs parlent de leurs enfants lorsqu'ils évoquent leurs chansons. S'il faut pousser l'analogie aussi loin, moi je découvre immédiatement que Billie, c'est ma seule chanson parfaite... Pour la première fois aussi, je ressens profondément le texte de *Je dis aime* écrit par ma grand-mère, je saisis tout ce que peut signifier « pour l'après, pour l'avant », ce sentiment que l'on ne peut plus reculer, que tout a définitivement changé. C'est dans cet état d'esprit que j'entreprends l'écriture du nouvel album. C'est une période particulière, la fin d'une vie et le début d'une autre. Ce n'est pas un hasard si cet album s'appelle *Qui de nous deux*, c'est vraiment un moment de l'entre-deux... Plus concrètement, c'est l'été 2002, nous sommes en vacances, je commence les chansons, et là, elles arrivent en bousculade. Pourtant, le contexte ne s'y prête *a priori* pas : j'essaie d'être un père moderne, je veux faire plein de choses, on dort trois heures par nuit alors que d'habitude j'en ai besoin de douze ! Mais tout ça me met dans une situation d'urgence et les rares moments qui restent deviennent sacrés. Pas mal de petites chansons se profilent, je ressors les dictaphones, je retrouve des mélodies qui m'inspirent. La présence de Jérôme Goldet est très importante aussi. Jérôme, je l'ai rencontré en 1990 à la fête de la Musique. Il faisait partie du groupe des Vercoquin avec Seb Martel, Thierry Stremler, Hervé Salters. Ça ne s'explique pas, j'ai plein de potes, mais Jérôme c'est mon pote de l'intimité, mon super-copain, mon... Jusque-là, on a toujours fait nos musiques en parallèle. Étonnamment, il n'a encore jamais collaboré à -M-. Mais on passe nos vacances ensemble, et il m'apporte énormément sur le plan de l'écriture, simplement en me donnant son avis, en m'écoutant, en me proposant de changer un mot. Ce sont des petits détails, mais pour lui comme pour moi c'est symbolique, il est là. Mon très très bon ami qui n'a jamais participé aux disques précédents est là, à ce moment capital pour moi.

À la fin de l'été, la majorité des nouvelles chansons est composée, je les ai enregistrées sur minidisque en guitare-voix. Louis, mon père, m'a toujours dit : « Une chanson, si elle ne tient pas guitare-voix ou piano-voix, ce n'est pas une chanson. » C'est une parole qui continue à résonner en moi. En fait, il me semble même que l'ultime vérité, c'est *a capella*. Une grande chanson tient toute seule. Ce qui m'angoisse, parce que je me rends compte que certaines des miennes, justement, ne fonctionnent pas comme ça. Sans l'harmonie pour les accompagner, les mélodies ne ressortent pas. J'ai encore du boulot...
Mais bon, en septembre 2002, Olivier et moi remettons le nouveau studio en marche avec l'idée de continuer de le construire et d'enregistrer en même temps.

La conception de *Qui de nous deux* est un vrai truc de fou. Pour comprendre, il faut savoir que j'ai toujours deux univers de travail : avec mes amis musiciens de longue date, d'une part, les Vercoquin et autres qui interviennent souvent en studio pour moi, avec mes amis de la scène, d'autre part, Vincent, Cyril, Shalom qui sont évidemment très présents... Quand je fais un disque, j'ai toujours envie de ces deux mondes parce qu'ils cohabitent bien et parce que... c'est un besoin. Alors, la plupart du temps, certaines chansons sont enregistrées avec l'un des groupes d'amis, et d'autres avec l'autre... Ce que l'on peut remarquer sur les pochettes de mes albums. Mais pour *Qui de nous deux*, je décide d'enregistrer toutes les chansons en double par chacun des groupes... C'est un concept un peu délicat humainement, mais je pense que les plus grands disques sont le résultat de centaines de versions, de centaines de tentatives pour trouver la meilleure. C'est assez logique : plus on réalise de versions, plus on a de chances de faire de belles chansons. Je donne clairement la règle du jeu, ce n'est pas simple, c'est même un peu tordu, mais tout le monde accepte d'essayer. Au final, j'ai donc une double version de chaque morceau. Ce qui s'avère parfois perturbant quand les deux me paraissent tenir parfaitement. Je demande aux gens qui m'entourent, chacun a un avis différent et je comprends que c'est à moi de trancher.

Pendant cette période, je suis particulièrement obsédé par les Beatles. Ils sont très présents dans ma vie, plus que d'habitude. Leur anthologie vient de sortir en DVD et c'est inouï de perfection ! Chaque instrument, chaque détail a un sens, un rôle. Cette précision me hante et c'est avec ça en tête que je choisis la bonne version de chaque chanson. Parfois, lorsque le doute persiste, les deux versions sont mixées.
Le mixage de cet album est lui aussi un truc de fou : je me dis qu'il faut aller au bout de ce concept, et plutôt que de mixer comme auparavant à l'arraché et à la maison, on s'enferme pendant quinze jours au studio Plus XXX, l'un des

meilleurs de Paris. Là encore, on mixe en parallèle : d'un côté Philippe Zdar s'occupe de la moitié de l'album, de l'autre Olivier Lude mixe le reste. Chacun a choisi les morceaux en fonction de sa sensibilité. Les gens de Plus XXX n'ont jamais vu ça... Ils sont un peu inquiets ! Il faut dire que le mixage est une étape particulière, c'est le moment de l'impression juste avant le mastering, le point de non-retour. Ça relève un peu du deuil. On passe de ce que l'on rêvait de faire à la réalité de ce que l'on a fait. Avec tous ces doubles, ces parallèles pour cet album, ce sentiment est encore plus angoissant, d'autant que l'on est tous épuisés...

Pour la petite histoire encore : ce n'est pas du tout *Qui de nous deux*, le titre du disque, qui m'a inspiré l'idée et l'envie de tout doubler, même si après coup c'est évidemment tentant de faire le rapprochement. En fait, la chanson *Qui de nous deux* n'appartient pas du tout à l'humeur de cette période. Elle arrive au moment où l'album est quasiment achevé.

Je n'ai pas alors forcément envie d'un morceau supplémentaire, mais je suis dans une problématique assez classique : il me manque le titre phare, celui qui peut donner son nom à l'album. À cet égard, *La Bonne Étoile*, *Je me démasque* - co-écrites avec Jérôme Goldet - ou encore *Le Radeau* ou *Mon ego* ne fonctionnent pas. Avec Marcel Kanche, on reprend donc un poème qu'il a écrit et on en fait une chanson. La phrase *Qui de nous deux* fait tilt, elle devient le refrain, et le titre du disque.

L'autre particularité de cette période, c'est « L'Avantour », c'est-à-dire la minitournée de douze dates que l'on décide de faire au milieu de l'enregistrement, comme une sorte de petit break. En fait, l'idée m'est venue grâce au groupe Zebda. En 2002, ils me demandent de jouer à Toulouse dans le cadre du festival « Ça bouge encore ». Je ne suis pas du tout en tournée alors, c'est un peu hors propos pour moi, mais comme je les aime bien j'ai accepté. On monte un petit spectacle avec des chansons d'avant, et on insère trois inédits : *La Bonne Étoile*, *Sous ta peau*, *Le Gimmick*. Et là, j'ai un flash, je me dis : évidemment ! il faut faire des concerts avec les nouveaux morceaux pour nous entraîner, et pour les tester auprès du public. D'où l'idée de *L'Avantour*. C'est à cette occasion que je propose à Seb Martel d'assurer les premières parties. Et puisqu'il est là, chaque soir il revient jouer avec nous vers la fin du concert.

En fait, j'avais envie d'une guitare supplémentaire sur scène. Et je lui propose donc de continuer avec nous pour la vraie tournée. Il hésite, il a ses propres projets, j'insiste et pour le convaincre je lui promets la moitié des premières parties. Mais encore une fois, tout ça est cohérent : Seb Martel est celui de mes amis qui appartient à la fois aux deux groupes, Vercoquin et l'Olympic Gramophone. Il cohabite parfaitement avec Vincent, Cyril, Shalom, ce qui est essentiel. Et puis j'aime que tout ait un lien : si au début Vincent Segal est venu sur *Le Baptême*, c'est parce que Seb l'a convaincu de le faire. Sinon il ne serait pas venu, c'est sûr. Alors c'est comme une boucle bouclée...

Pour le décor de la scène, je retrouve Cyril Houplain, mon ami d'enfance. J'ai envie d'un univers épuré, et je suis fasciné par les White Stripes. J'adore les concepts et le leur me fait complètement flasher déjà, un groupe qui tient juste à deux, batterie-guitare, fille-mec, c'est génial. Ensuite, il y a leur règle du noir, du blanc et du rouge, les seules couleurs des albums et des concerts. Cette idée de code me plaît. La guitare Billie rose étant déjà devenue un peu la mascotte du disque, elle finit par s'imposer d'elle-même.

Comme il y a déjà eu *L'Avantour* dans des petites salles, pour la tournée, on se lance d'emblée vers des salles plus grandes. Ce qui là encore signifie plus de monde sur la route. On part à quarante, on est une soixantaine à l'arrivée...

Et effectivement, il arrive ce truc complètement dingue pour moi, c'est-à-dire qu'en l'espace d'une année on fait trois Grand Rex, huit Olympia et trois Bercy ! Mais vraiment, tout ça est très au-dessus de ce dont j'ai pu rêver. Je n'ai jamais espéré ce que j'ai vécu. Ni les Victoires de la Musique en 2005 encore, ni ce succès. Je suis très heureux, oui, mais je n'en ai pas rêvé.

Ce qui compte surtout, c'est que, quelle que soit la scène, le spectacle soit à la hauteur, c'est-à-dire très stylisé, avec des images comme des icônes, un vrai « show », mais aussi avec une vraie honnêteté, un vrai naturel. -M- et Matthieu cohabitent, c'est essentiel. Ce n'est pas l'un ou l'autre, mais les deux. Il y a un jeu et une transparence. Si je suis plus ou moins à l'aise, on le sent tout de suite et ça ne me dérange pas, au contraire. Je respecte infiniment les gens, je suis très conscient de l'instinct et de la finesse du public : il voit tout, absolument tout. Un mec qui sourit mais qui n'est pas heureux, ça se sent immédiatement. Et je sais aussi que, pour que le spectacle soit bon, qu'il y ait de l'ambiance, il faut que ce soit bien dans les coulisses. J'ai besoin que l'équipe autour de moi soit heureuse, que règne un respect mutuel, une âme, une entente... Ça me rassure, et pour moi c'est également affaire de vérité : ça ne peut pas être bien devant si ce n'est pas terrible derrière, ce serait un mensonge.

J'ai la conscience d'accepter des choses folles et irréelles, comme de finir par trouver naturel que 7 000 personnes chantent une chanson que j'ai composée seul dans ma chambre ! Ça dépasse la vigilance, on s'habitue à tout. Alors je n'oublie jamais que l'on peut être autant aimé que l'on peut être oublié. On reste un pion, une antenne, un capteur, on correspond à ce que certains ont envie d'entendre à un moment donné. Et puis, à un autre moment, ces mêmes gens pensent qu'il y en a un autre qui leur fait encore plus d'effet... Rien n'est éternel. C'est un symbole de vie, comme de se dire que l'on pourrait mourir demain.

En attendant, il y a eu la naissance de -M- avec *Le Baptême*, je ne sais pas encore ce que sera la suite, mais ce qui est certain, c'est que je tiens à ce qu'il y ait une vraie continuité. Je veux que l'on puisse penser : « -M-, j'aime ou j'aime pas, mais il n'y a rien à dire, c'est cohérent. »

Image de la pochette de *Qui de nous deux*
réalisée par Laurent Seroussi,
et source d'inspiration pour le décor de la tournée.

Sébastien, Vincent, Matthieu, Shalom et Cyril par Claude Gassian.

-M-
Qui de nous deux

UNE NUIT TRÈS TARD, ON FAIT L'UN DES FLIPBOOKS POUR LE DISQUE COLLECTOR DE *QUI DE NOUS DEUX*. LE SCÉNARIO, C'EST MATTHIEU QUI DEVENAIT -M- AU FIL DES PAGES. SAUF QUE LA TRANSFORMATION DE LA COUPE DE CHEVEUX ÇA A ÉTÉ N'IMPORTE QUOI ! MATT RESSEMBLAIT À UNE JONQUILLE, MOI JE NE POUVAIS RIEN FAIRE CAR JE M'ÉTRANGLAIS DE RIRE. UNE VRAIE CATA ! **Laurent Seroussi**

Extrait du flipbook de l'édition collector de *Qui de nous deux*.

AU MOMENT D'ENTAMER LA TOURNÉE *QUI DE NOUS DEUX*, J'ÉTAIS UN PEU MÉFIANT. TOUT ME SEMBLAIT DEVENU TROP GROS, TROP GRAND. LE CÔTÉ COSTUME, VIGILE, TELLEMENT DE MONDE… ÇA ME GÊNAIT UN PEU. EN MÊME TEMPS, J'ÉTAIS FIER ET HEUREUX DE CONSTATER QUE MATT NE CHANGEAIT PAS.

Vincent Segal

-M-

ON SE COMPREND TELLEMENT BIEN,
COMME SI ON S'ÉTAIT TROUVÉS. ON TRAVAILLE SOUVENT ENSEMBLE
MATT ET MOI. SUR *JE ME DÉMASQUE* OU LA *BONNE ÉTOILE*, PAR EXEMPLE.
MAIS NOTRE AMITIÉ DÉPASSE LARGEMENT LA MUSIQUE.

Jérôme Goldet

Qui de nous deux

Bras de bois
Des clefs aux doigts
Des cordes pour tendons
Agite-nous
Agite-moi
Fais l'arpège
Sature le son

Qui de nous deux
Inspire l'autre

Oui je joue
D'un sixième membre
À la forme
De tes hanches

Ventre à ventre
Élégante compagne

Qui de nous deux
Inspire l'autre
Qui de nous deux
Speede l'autre

Caisse parfois
Pleine de doute
Je te griffe
Te lacère
Des amplis chavirent
Souvent j'ai voulu
Te pendre à tes cordes
T'oublier
Aux objets trouvés

Refrain

Je t'appréhende
Je te garde
Je te pose
À mon cou
Issue à ma voix
Inspire-moi
Enveloppe-nous
Enlace-moi

Refrain

Stridente magnifique
Aux instants oniriques
Membre fictif
Acoustique
Féline, électrique amie
Oh oui

Refrain

MARCEL KANCHE/-M-/UNIVERSAL MUSIC PUBLISHING/LABO M ÉDITIONS

REX
REX
-M-
en concert
au Grand Rex
Les 4, 5 et 6 mars
nouvel album "qui de nous deux"
REX

En tête-à-tête

Tournée du 13 février 2004 au 20 juin 2005

LA VRAIE COULEUR DE LA GUITARE BILLIE, C'EST VIOLET BRUYÈRE.
J'Y TIENS BEAUCOUP PARCE QUE
ÇA A ÉTÉ TOUTE UNE HISTOIRE DE TROUVER LE BON ROSE !

Cyril Guérin

MATTHIEU N'A BESOIN DE PERSONNE POUR EXISTER
EN TANT QUE MUSICIEN. IL PEUT JOUER SEUL, IL SE SUFFIT À LUI-MÊME.
DU COUP, IL N'ATTEND PAS DE SON GROUPE QU'IL LE SOUTIENNE,
MAIS PLUTÔT QU'IL LE SURPRENNE. **Vincent Segal**

MATT, IL FAIT DES CHOSES SÉRIEUSES SANS SE PRENDRE AU SÉRIEUX. J'AIMERAIS BIEN LE TRASHER UN PEU, MAIS NON, JE PEUX RIEN DIRE DE MAUVAIS SUR LUI. **Cyril Atef**

QUAND MATT M'A PROPOSÉ DE REJOINDRE -M-, IL ÉTAIT DÉJÀ AVEC VINCENT SEGAL ET CYRIL ATEF. JE ME GREFFAIS SUR UN TRIO, IL M'A INCITÉ À M'OUVRIR, À ALLER DAVANTAGE VERS LES GENS. **David Taïeb « Shalom »**

MATT SOUTIENT ÉNORMÉMENT SES AMIS.
QU'IL M'INVITE POUR SES PREMIÈRES PARTIES, C'EST TRÈS FORT POUR MOI.
C'EST LA PREMIÈRE FOIS QUE JE PEUX JOUER MES CHANSONS DANS DES SALLES,
APPRENDRE À ME TENIR, À DOMPTER UNE FOULE.

Sébastien Martel

Juillet 2004. Aux arènes de Nîmes.

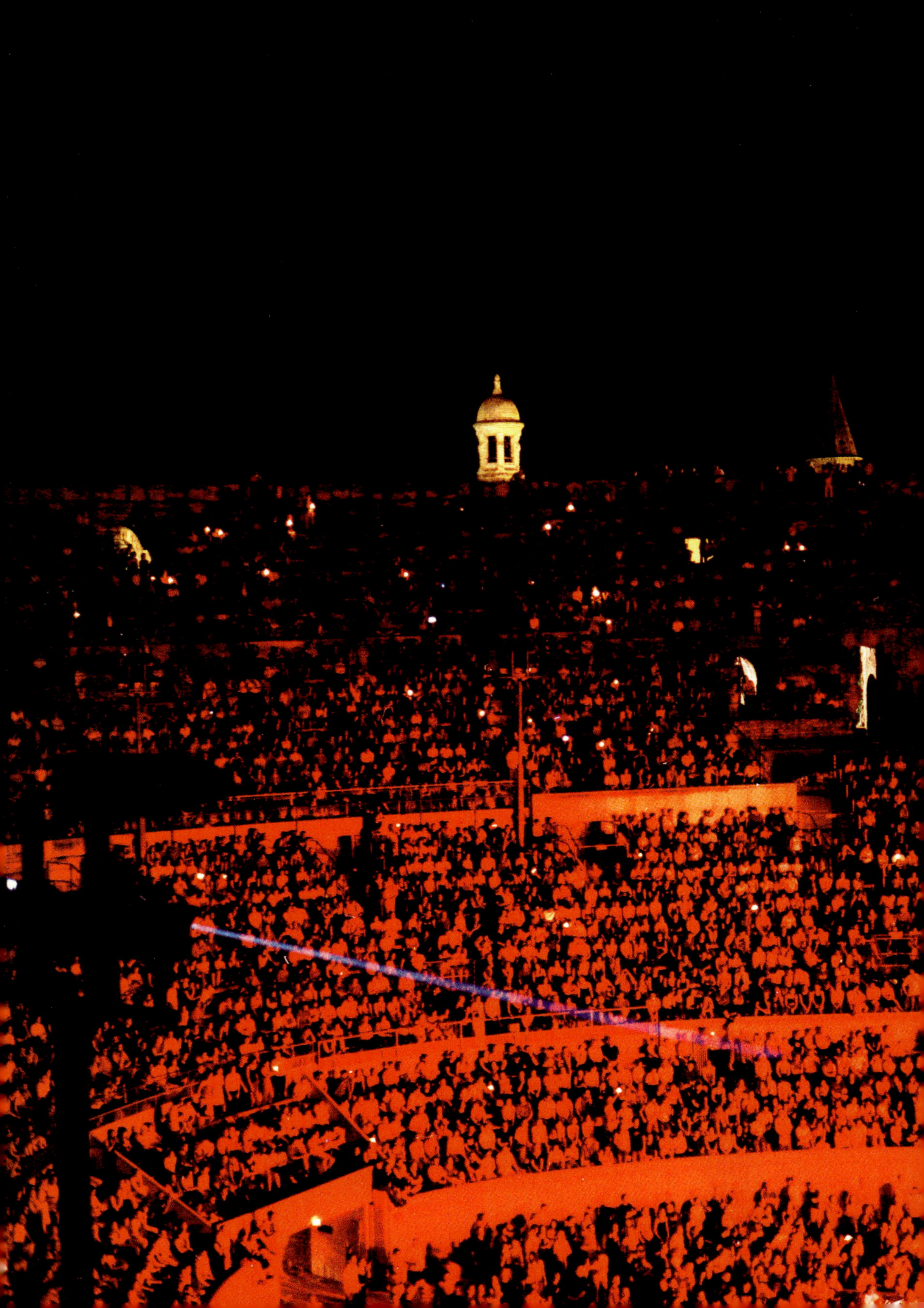

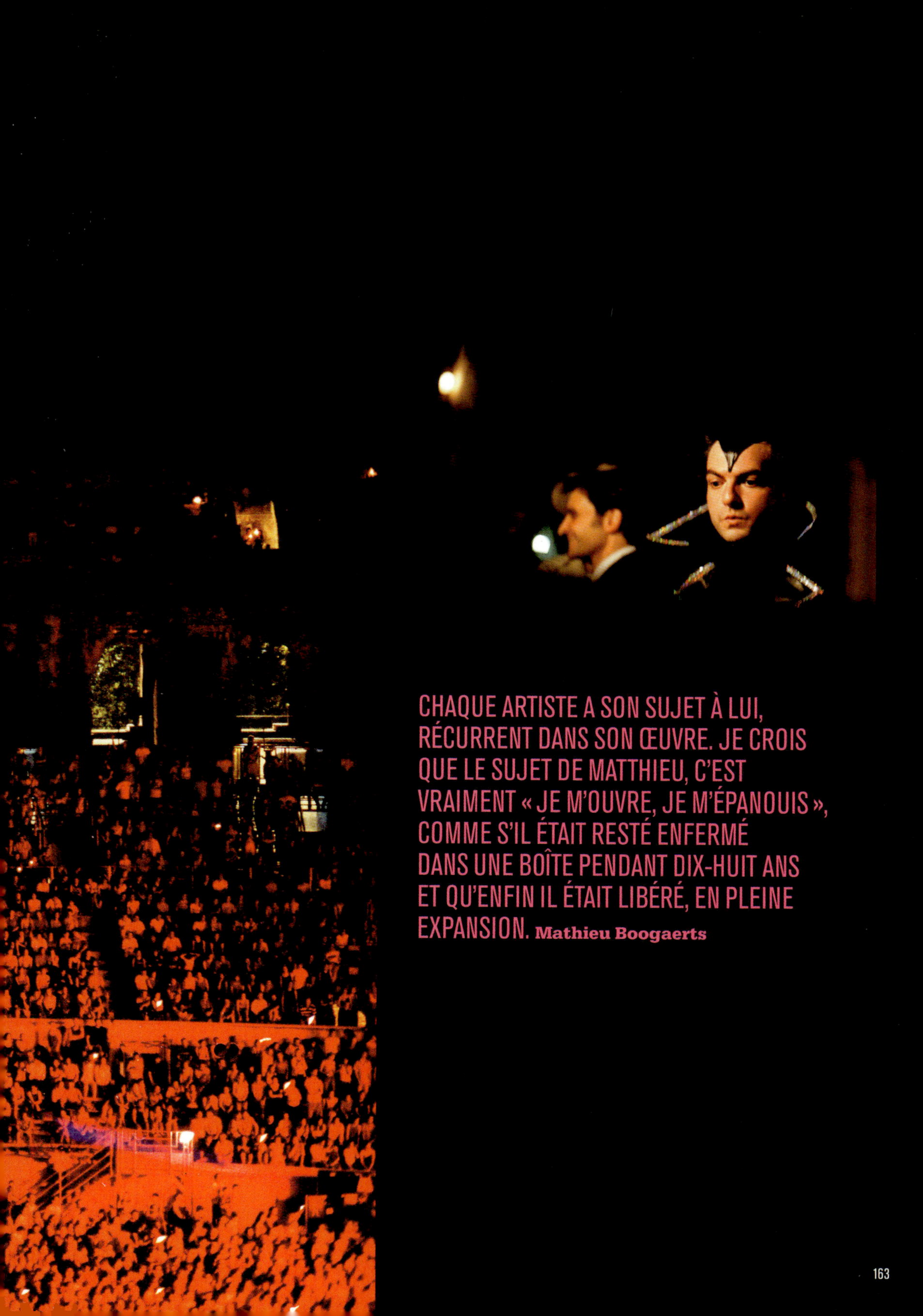

CHAQUE ARTISTE A SON SUJET À LUI, RÉCURRENT DANS SON ŒUVRE. JE CROIS QUE LE SUJET DE MATTHIEU, C'EST VRAIMENT « JE M'OUVRE, JE M'ÉPANOUIS », COMME S'IL ÉTAIT RESTÉ ENFERMÉ DANS UNE BOÎTE PENDANT DIX-HUIT ANS ET QU'ENFIN IL ÉTAIT LIBÉRÉ, EN PLEINE EXPANSION. **Mathieu Boogaerts**

En tête-à-tête

Ce matin j'lui presse des oranges mécaniquement
Les yeux encore un peu brouillés par le sommeil
J'me r'trouve nez à nez avec ce verre qui n'rime à rien
C'est vrai ce week-end, je suis seul avec moi-même

En tête-à-tête avec moi-même
Souvent j'me tâte pour trouver l'thème
En tête-à-tête avec moi-même
J'ai pas la force de m'dire je, je, je, je…

Il faut aimer pour comprendre
Nous aimer pour nous comprendre
Mieux aimer pour mieux comprendre
C'est vrai ce week-end, je suis seul avec moi-même

En tête-à-tête avec moi-même
Souvent j'me tâte pour trouver l'thème
En tête-à-tête avec moi-même
J'ai pas la force de m'dire je, je, je, je…

En tête-à-tête
En tête-à-tête

-M-/-M- VINCENT SEGAL/LABO M ÉDITIONS

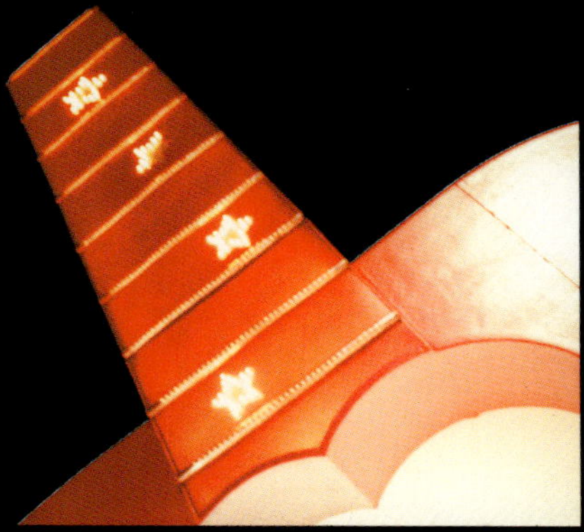

QUANDJE LE VOIS SUR SCÈNE IL M'ÉPATE LITTÉRALEMENT : IL EST LÀ, ET LUI QUE JE SAIS SI COMPLEXÉ, SI TIMIDE, SI RÉSERVÉ, IL DÉPASSE TOUT ÇA ET SE MET PLUS QUE NU. JE VIS AVEC LUI, ET POURTANT CHAQUE FOIS JE SUIS STUPÉFAITE PAR SA CAPACITÉ D'AUTODÉRISION. CE MEC EST UNIQUE. **Céline B.**

26, 27 et 28 novembre 2004. Bercy.

LORS DES PREMIERS COURS DE DANSE,
CE QUI ÉTAIT DRÔLE, C'EST QU'À PART LES BRAS ET LES DOIGTS,
MATTHIEU NE CONNECTAIT PAS. JE LE FAISAIS ALLONGER SUR LE SOL,
JE LUI DEMANDAIS SIMPLEMENT
DE TOURNER LES PIEDS ET IL N'Y ARRIVAIT PAS ! **Gladys**

J'AVAIS DOUZE ANS. J'ENTENDS – M – À LA RADIO ET JE TROUVE QUE CE N'EST PAS DU TOUT MON STYLE. PLUS TARD, JE TOMBE SUR *ONDE SENSUELLE* ET LÀ, C'EST DEVENU SACRÉ. C'EST DUR À EXPLIQUER. J'AI SOUVENT DES ANGOISSES ET DES PEURS, DE LA HARGNE MÊME, ALORS JE ME RACCROCHE À LA MUSIQUE DE – M – ET J'OUBLIE TOUT. C'EST ENCORE PLUS FORT APRÈS UN CONCERT. TOUTES MES CRAINTES DISPARAISSENT. IL M'AIDE À RÉFLÉCHIR, IL ME FAIT VACHEMENT ÉVOLUER. JE SAIS QUE JE SOÛLE LES AUTRES AVEC LUI, MAIS MOI, C'EST MON IDOLE. **Mélodie**

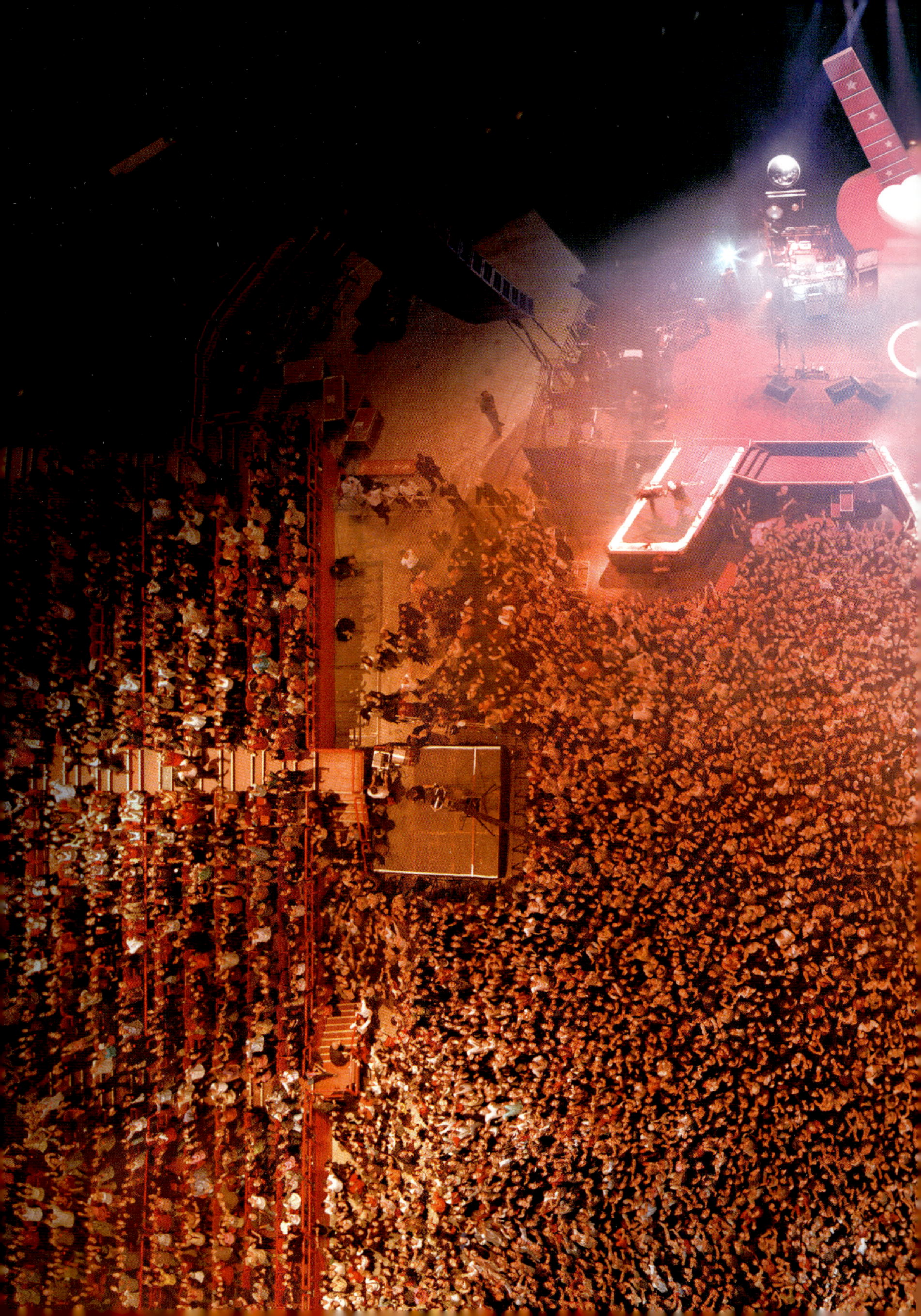

DISCOGRAPHIE

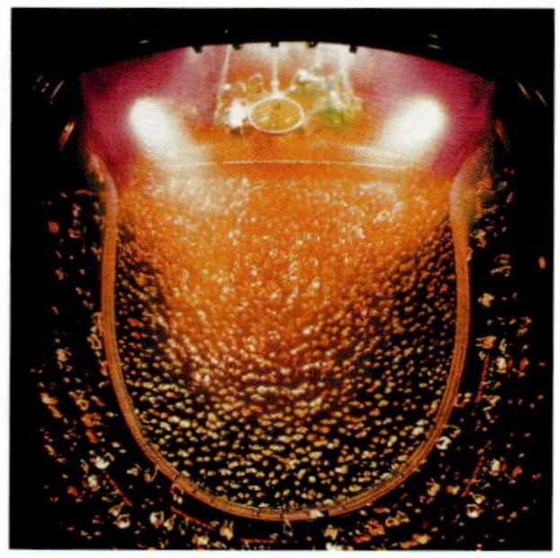
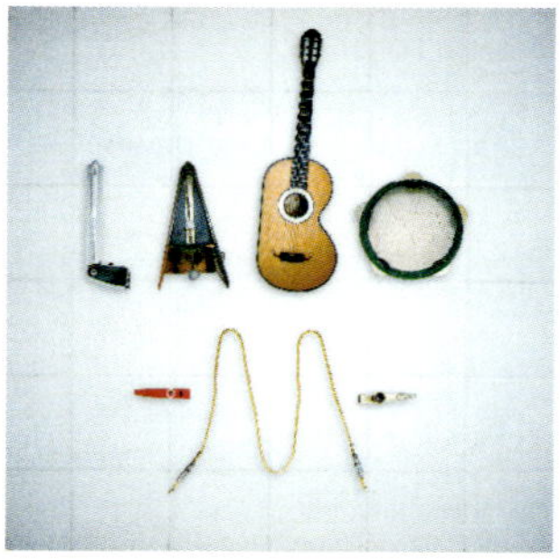

28 avril 1997 *Le Baptême.* Delabel
26 octobre 1999 *Je dis aime.* Delabel
22 mai 2001 Double album live *Le Tour de -M-.* Delabel/Virgin France
18 février 2003 Album instrumental *Labo M 1.* Labo M Éditions/Delabel/EMI
25 novembre 2003 *Qui de nous deux.* Delabel/EMI
Octobre 2005 *En tête-à-tête.* Delabel/EMI

DVD

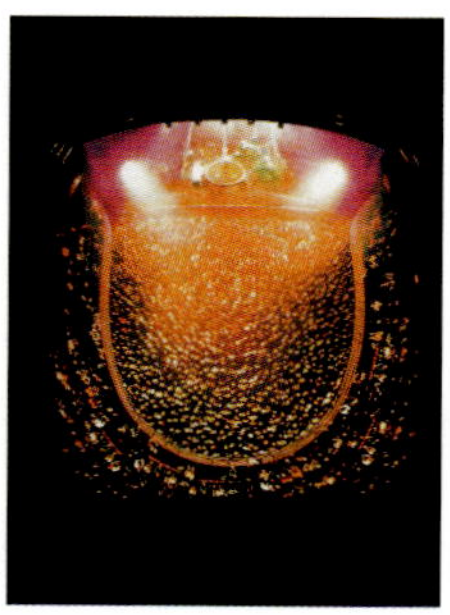

2001 *Le Tour de -M-,* réalisé par Émilie Chedid. Virgin France
2004 *Les Leçons de musique,* réalisé par Émilie Chedid. La Bohème films/Polydor Universal
2004 *De l'aube à l'aurore,* réalisé par Laurent Thessier. Delabel/EMI
2005 *En tête-à-tête,* réalisé par Laurent Thessier. Delabel/EMI

CLIPS

LE BAPTÊME
1997 *Nostalgic du cool,*
réalisé par Émilie Chedid
1998 *Machistador,*
réalisé par Émilie Chedid

JE DIS AIME
1999 *Je dis aime,*
réalisé par Émilie Chedid
2000 *L'Onde sensuelle,*
réalisé par Laurent Seroussi

2000 *Le Complexe du corn flakes,*
réalisé par Émilie Chedid
2000 *Bonoboo,* réalisé par Émilie Chedid

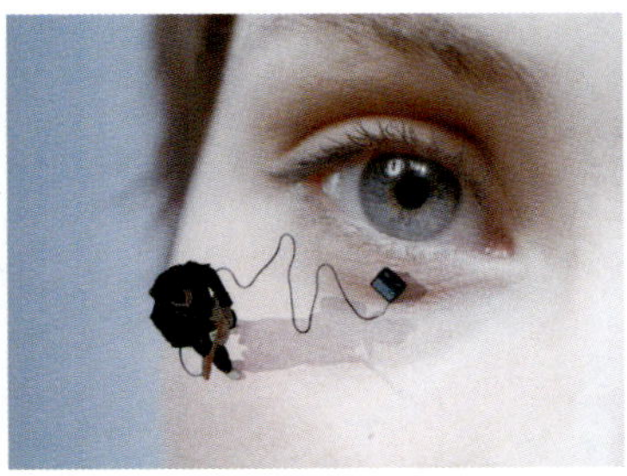

QUI DE NOUS DEUX
2003 *Qui de nous deux,*
réalisé par Alex et Martin
2004 *À tes souhaits,*
réalisé par Émilie Chedid,
avec Cécile de France

2004 *Ma mélodie,*
réalisé par Cyril Houplain
2005 *La Bonne Étoile,*
réalisé par Laurent Seroussi,
avec Vincent Lindon

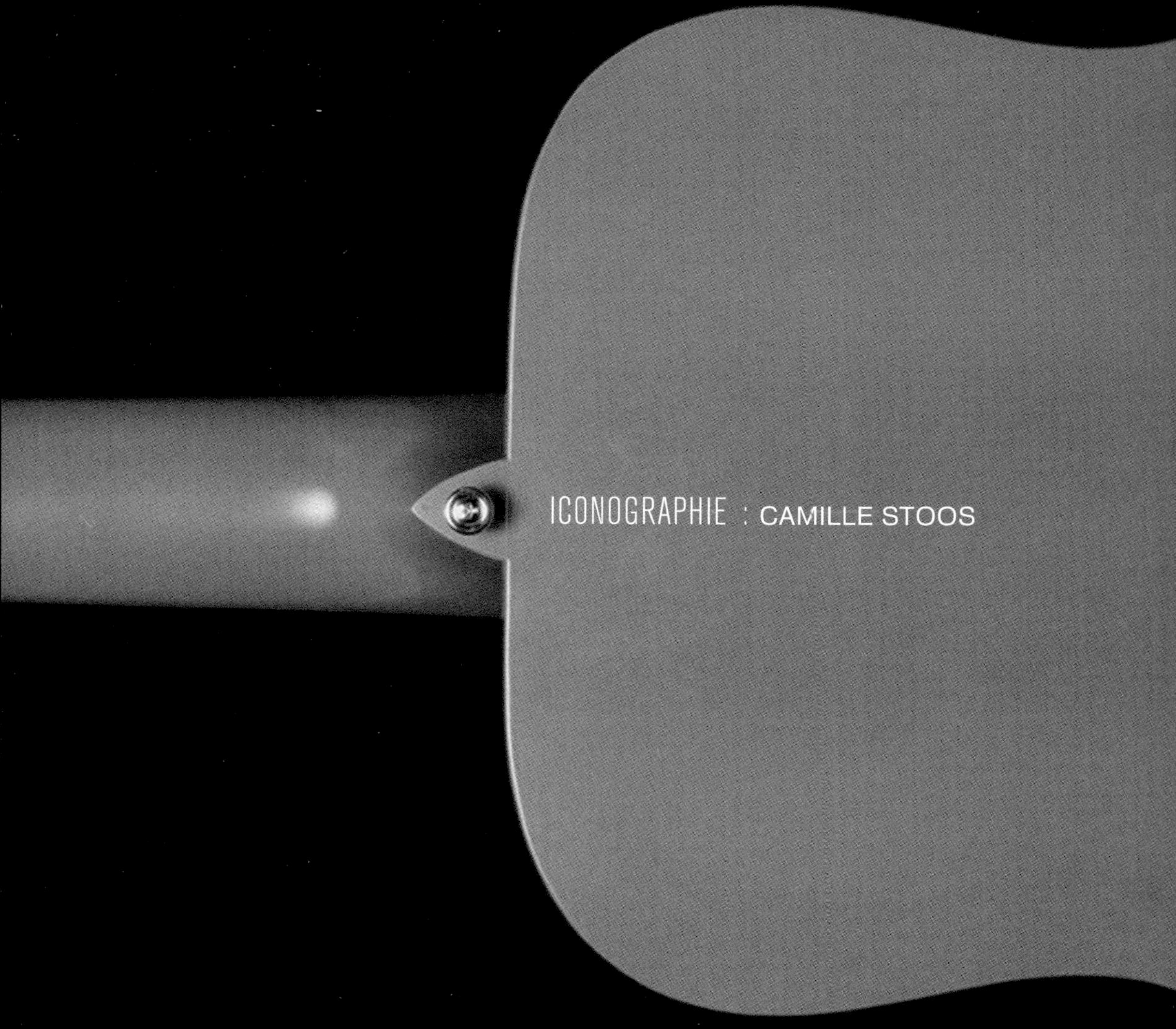
ICONOGRAPHIE : CAMILLE STOOS

CRÉDITS PHOTOGRAPHIQUES

BARMAK AKRAM	P. 138-139.
ANTONIN BORGEAUD	P. 160-161, 162-163.
LUDOVIC CARÊME	P. 58.
MARIANNE CHEDID	P. 6, 8.
MATTHIEU CHEDID	P. 110 BAS DROITE.
SYLVAIN CHOMET	P. 94-95.
YVES DURONSOY	P. 87, 144.
CLAUDE GASSIAN	P. 4-5, 66-67, 68, 69, 70, 73 DROITE, 74, 75, 134, 135.
GENEVIÈVE GAUCKLER	P. 92.
CYRIL HOUPLAIN	P. 23, 116-117.
ROBERT JASO	P. 88, 89.
ALEXANDRA JUSTAMENTE	P. 119, 152, 174, 177.
JEAN-PIERRE KHAZEM	P. 38.
VINCENT KNAPP	P. 56.
ANTOINE LEGRAND	P. 141.
ALEXIS LIMOUSIN	P. 32-33, 34 HAUT, 35, 36-37.
JEAN-BAPTISTE MONDINO	P. 93.
YANN ORHAN	P. 146-147, 172, 175, 176, 178-179, 184-185.
CHRIS PERSON	P. 100, 101, 102, 103.
PATRICE RENSON	P. 90, 91, 109, 110 GAUCHE, 111.
ROBIN	P. 166-167.
LISA ROZE	COUVERTURE, GARDES, P. 9, 10, 11, 14, 15, 16, 17, 19, 20, 21, 30, 31, 34 BAS, 39, 44, 45, 59, 60, 61 HAUT MILIEU & DROITE, 76-77, 84, 85, 86, 96, 97, 98, 99, 104, 105, 106-107, 110, 112-113, 114-115, 140, 145, 155, 157, 158-159, 164-165, 188-189.
ALAIN SACREZ	P. 40, 41, 42-43, 64-65, 71, 72, 73 GAUCHE.
LAURENT SEROUSSI	P. 49, 56-57, 61 HAUT GAUCHE, 62-63, 78-79, 80, 81, 82-83, 123, 130-131, 132-133, 136, 137, 142-143, 150, 151, 152, 153, 168-169, 170-171, 180-181, 182-183.
CAMILLE STOOS	P. 18, 47, 108, 118, 120, 121, 148-149, 153, 154, 156, 173.
CHRISTIAN VOLKMAN	P. 12-13.

REMERCIEMENTS :

À MATTHIEU ET AU LABO M,
À TOUS LES ARTISTES,
MUSICIENS,
PHOTOGRAPHES,
ILLUSTRATEURS
QUI FIGURENT DANS CE LIVRE,
POUR M'AVOIR PERMIS
DE RÉALISER CE PROJET.

À JACQUES BINSZTOK,
PASCAL FLAMAND,
CLAUDE HÉNARD
ET TOUTE L'ÉQUIPE DU SEUIL,
EN PARTICULIER À NATHALIE BEAUX,

À HERVÉ DE LA MARTINIÈRE.

À DELABEL/EMI FRANCE
ET À UNIVERSAL MUSIC PUBLISHING.

À MIMY ABRAHAM-LÉVY
POUR SES ENCOURAGEMENTS.

ET PUIS,
UN IMMENSE MERCI
À MON ÉQUIPE DE CHOC :
SONIA RACHLINE,
SOPHIE LAURENT
ET CAMILLE STOOS.

Éditrice : Nathalie Beaux Richard
Responsables de fabrication : Charlotte Debiolles et Florent Roger
Suivi de fabrication : Sophie de Maillard
Suivi iconographique : Karine Benzaquin Laidain

Photogravure : IGS-Charente Photogravure, à l'Isle-d'Espagnac, France
Impression : Pollina Imprimeurs, à Luçon, France - L97802
Dépôt légal : octobre 2005 - N° 67934

Marshall
'69
Je dis Aime
C'est pas la faute
La bonne heure
je me démasque